Comment savoir
si vous êtes juif

Dans la même collection
aux Éditions J'ai lu

LA FEMME PARFAITE EST UNE CONNASSE !
N° 10155

ZÉRO POINTÉ
N° 10158

MES PARENTS FONT DES SMS
N° 10239

FERME-LA ! MON CHÉRI
N° 10244

ANTIGUIDE DE SAVOIR-VIVRE
N° 10170

CHERS VOISINS
N° 10156

LES PERLES DE LA PRESSE
N° 10243

LES MEILLEURES BLAGUES DE TOTO
N° 10157

LES BOLOSS DES BELLES LETTRES
N° 10725

COMMENT DEVENIR UN NINJA GRATUITEMENT ?
N° 10343

LOL CHATS
N° 10502

COMMENT SURVIVRE À UNE ÉNORME GUEULE DE BOIS ?
N° 10344

ANTIGUIDE DE LA MODE
N° 10536

COMMENT SAVOIR SI VOUS ÊTES NOIR
N° 10626

COMMENT SURVIVRE DANS LES TRANSPORTS EN COMMUN
N° 10641

MINITEL ET FULGUROPOING
N°10640

CHERS VOISINS 2
N° 10724

GRUMPY CAT
N° 10714

FILLE QUI ROULE N'AMASSE PAS MEC !
N° 10722

LA FEMME PARFAITE EST UNE CONNASSE ! 2, LE RETOUR
N° 10896

TOURISTA
N° 10650

LA POLITIQUE POUR TOUS
N° 10642

JE VAIS PAS ME TAIRE PARCE QUE T'AS MAL AUX YEUX
N° 10956

Alain
GRANAT

Jonathan
DEMAYO

Comment savoir si vous êtes juif

Collection dirigée par Christophe Absi

© Éditions J'ai lu, 2015

À mes parents, Guy et Charlotte.
(Alain)

À Papy Nino et Mamie Lily.
À Tonton Jean-Pierre et Alexis.
(Jonathan)

« *D'abord, j'ai jamais pu blairer les juifs,
t'entends ?* »
Jean Gabin, dans *La Grande Illusion*,
de Jean Renoir (1937)

Sommaire

Avant-propos 15

I – LA FAMILLE **17**
Ma mère ce héros 18
Ton père : deux poids, deux mesures 21
Papy et Mamie Style 22
Les prénoms juifs 24
Tous les chemins mènent à Enrico 27
Laisse, ta sœur va débarrasser 29
Nos ancêtres les rabbins 31
Un nouveau petit copain à présenter ? 32

II – À TABLE ! **33**
Un Shabbat presque parfait 35
Quelques sujets de discussions pour le repas de Shabbat 37
Ashkénaze/Séfarade : le combat de chefs ! 38
Le Tupperware Game 43
L'art de la boulette 47
Les règles de la cuisine casher 48
Le resto casher 51
Chez le boucher 52

III – OH MY GOD ! **53**
À la synagogue 54
Les 10 choses qui énervent à la synagogue 56
La déprime de Noël 58
Pourquoi Hanouka, c'est aussi bien que Noël 61
Choisis ton rabbin 62
Goodbye prépuce 65
Si vous voulez vous convertir 66
Quand tu as fait ta bar mitzvah 67
Pâque juive vs Pâques chrétiennes 69

IV – MAZEL TOV ! 71
Bien choisir sa belle-famille 73
5 phrases à ne pas dire au rabbin avant de se marier 75
La fête de mariage 77
Bien organiser un mariage mixte 78
Les chansons d'un mariage 79

V – ILS SONT PARTOUT ! 81
La journée type #1 82
La journée type #2 83
Y a-t-il des juifs pauvres ? 85
Les phrases insupportables 86
Le Monopoly 87
Gérer la blague antisémite 89
Les mots qui fâchent 90
Le juif antisémite, ça existe 91

VI – QU'EST-CE QUE TU FAIS POUR LES VACANCES ? 93
Prendre l'avion pour Israël 94
Pourquoi ne pas dire qu'on part en vacances en Israël ? 96
La drague à l'israélienne 99
Le mur des Lamentations 100
Quelle ville es-tu en Israël ? 102
Deauville 105
Juan-les-Pins 107
S'installer en Israël 108
Et pourquoi pas ? 109

VII – LES ÉTOILES JUIVES 111
Quand un people juif passe à la télé 112
Quand un film culte passe à la télé 113
Quand vous écoutez les radios juives 115
Les idoles absolues 116
Le Grand Pardon 117
La honte 118
… et la fierté 119
Politique 120
Et Jean-Pierre Pernaut, il est juif ? 122

VIII – TU VEUX FAIRE QUOI PLUS TARD ? **123**
Les études 125
L'extrapolation des métiers 126
Questions insolubles 127
Problèmes insolubles 129

IX – FEUJWORLD **131**
Le Sentier de la gloire 132
La Jewfro 135
Tes lieux de drague 136
La drague séfarade 138
La drague ashkénaze 139
Juif et Gay, une partie de plaisir 141
Es-tu une Jewish French Princess ? 142
JewPorn 144

X – PARLES-TU LE JUIF ? **145**
Les expressions fétiches 146
La vanne judéo-arabe 147
La vanne ashkénaze 149
Être juif sur Facebook 150
Les expressions de tes potes 151
Les phrases interdites 153
Le mandala casher 154
Remerciements 159

Avant-propos

« Lé Juif y zon controlez le monde avaic lé média et lé bank et maintenan on peu pas rire sur eux. »

Si nous citons ce poète des temps modernes, qui se cache sur Internet sous divers pseudos, c'est qu'il est le point de départ de ce livre. Après avoir lu de trop nombreux messages comme celui-ci sur les réseaux sociaux, écrire *Comment savoir si vous êtes juif* nous semblait salvateur et bienvenu. Le rire restant la meilleure arme de destruction massive contre la bêtise et les préjugés, nous avons décidé de l'utiliser sans faire preuve de « retenue », en abordant tous les sujets qui font mal.[*]

Il faut bien évidemment rire des juifs, mais surtout rire avec les juifs. Même avec les juifs tunisiens.[**]

Enfin, notre éditeur pourrait vous le confirmer, le sens du business des juifs reste un pur cliché. Quand on a reçu notre avance, on a fêté ça au Flunch, c'est vous dire ! C'était pas casher, mais c'était tout ce qu'on pouvait s'offrir...

Vous allez dire, « ça y est les juifs, ils font toujours leurs victimes ». Vous aurez raison. En fait, on écrit cet avant-propos allongés dans nos transats sur une plage des Seychelles.

Allez, bisous.

---

[*] En particulier la circoncision.

[**] Vous verrez, parfois on a des cibles comme ça et on tape dessus juste pour le plaisir, mais rassurez-vous, les Tunisiens ne sont pas les seuls dont on se moque !

I
LA FAMILLE

Ma mère ce héros

LA RELIGIEUSE

Elle sort du « *Has vé shalom* » et du « *has vé halila* » (Que Dieu nous préserve, en hébreu) tous les trois mots. Elle ne jure que par Baba Salé (célèbre rabbin marocain) et passe sa vie à se demander si tout est bien casher dans son frigo. Elle ne sait plus où donner de la tête avec ses enfants, entre Sarah, Rachel, Myra, Rebecca, Ryvkah, David, Salomon, Yoni et Daniel le petit dernier. À la maison c'est « Qui est qui » tous les jours.

Sa devise : Si Dieu veut...

LA BABA COOL SOIXANTE-HUITARDE

Tu l'imagines dans les années 80 en Israël à fumer des pétards en chantant l'*Hatikva* (l'hymne israélien) dans un kibboutz, elle a toujours voté à gauche et fustige son mari qui vote à droite depuis Sarko. En 2002, elle est allée voter Chirac avec une pince à linge sur le nez. Ouverte d'esprit, elle est antiraciste profonde, sauf quand son fils ramène une « goy » à la maison. Tout d'un coup, elle devient pire que Mussolini, tu ne comprends pas.

Sa devise : Fais ce que je dis, ne fais pas ce que je fais.

LA TRADITIONALISTE

Peut-être la plus proche de l'archétype de la mère juive. Depuis vingt générations, les femmes de sa famille n'ont cessé de se battre contre cet ennemi invisible : l'œil. Pour elle, sa guerre contre l'œil est une guerre sainte. Pire que le conflit israélo-palestinien, c'est sûr que ça ne finira jamais. Elle passe sa semaine à se creuser la tête pour savoir ce qu'elle va faire à manger pour Shabbat.

Sa devise : Le shekel.

LES 10 PHRASES QUI FERONT DE VOUS UNE VRAIE MÈRE JUIVE

- « J'suis pas ta copine. »
- « Regarde-moi quand je te parle ! »
- « Baisse les yeux. Mais regarde-moi quand même ! »
- « Tu peux m'emmener chez le boucher ? »
- « Je raccroche et je meurs ! »
- « J'ai souffert le martyre pendant ton accouchement ! »
- « Ta grand-mère se retournerait dans sa tombe. »
- « Je souffre terriblement, mais ça ira. »
- « Comment ça, tu ne viens pas dîner shabbat ? »
- « Tu as une mine terrible. »
- « Tu es sûr que tout va bien ? »

LES RÉACTIONS DE TA MÈRE SI...

- *Si tu ne réponds pas au bout de deux fois au téléphone :*

  « Je me fais un **sang d'encre**, je te rappelle encore deux fois après j'appelle la police ».

- *Si tu ne fais pas la vaisselle :*

  « C'est pas grave **ta sœur** va la faire... Rebecca... Elle est où encore celle-là ? »

- *Si tu annonces que tu veux être artiste, ou pire, acteur :*

  « Je me **défenestre**... Tant que tu ne changes pas d'avis »

LES (VRAIS) 10 COMMANDEMENTS

I

TU DIRAS À TA MÈRE QUE C'EST LA PREMIÈRE FEMME DE TA VIE !

(Comme quoi Dieu était en avance sur Freud)

Ton père : deux poids, deux mesures

Le père dans une famille juive, tu as l'impression de l'avoir vu une ou deux fois dans ta vie. On dirait qu'il s'est barré à ta naissance pour faire de la thune et nourrir sa famille. En fait, ton père, c'est comme ton oncle, tu ne le connais pas tant que ça finalement.

Quand il fait les gros yeux, on sait juste qu'on ne doit pas broncher. Il a déjà dit « je t'aime » une fois en 1982, mais on a peut-être mal compris... Quand il réapparaît, c'est souvent dans les étapes les plus cruciales de ta vie, comme le jour où il a décidé que « non tu n'iras pas à la soirée *"Mimoun'night"* », alors que l'amour de ta vie se trouve sûrement là-bas.

TEST Si tu es une fille, observe sa réaction et tu sauras si ton père est juif.

Quand tu veux sortir en boîte :

● Il te laisse sortir avec tes copines.

▲ Il dit oui seulement si tes frères sont là, et si c'est une « soirée feuj ».

Quand tu as mis une jupe un peu courte :

● Il te regarde de haut en bas et dit : « Tu es belle ma fille. »

▲ Il te hurle dessus que ta grand-mère se retournerait dans sa tombe si elle te voyait.

Quand tu lui dis que tu as un petit copain :

● Il te regarde en souriant et dit : « Mazel tov ! Je l'aime déjà. »

▲ Il te répète qu'il vaut mieux ne pas trop fréquenter les garçons à ton âge, en revanche il demande à tes frères combien de filles ils ont chopé ce mois-ci.

Un max de ▲ : Ouiii, ton père est juif et sa devise c'est plutôt « Mes coqs sont lâchés, gardez vos poules ! » Mais quand c'est toi la poule, ça ne fait plus rire du tout.

Un max de ● : Ton père n'est pas juif, mais au moins il t'a déjà dit « je t'aime ».

Papy et Mamie Style

UNE MAMIE JUIVE...

c'est une mère juive, la pression en moins. Les enfants sont casés, elle est invitée pour le dîner de Shabbat, il ne reste plus qu'à gâter les petits-enfants. Et c'est précisément là que ça se gâte.

Pour ta mamie, tu es la perle rare, le joyau de sa vie (juste après ton Papy, et ses propres enfants). Quand tu dînes chez elle, et qu'au journal de 20 heures David Pujadas (« non Mamie, c'est pas parce qu'il se prénomme David qu'il est juif ! ») annonce une catastrophe, elle se jette sur toi pour te tirer violemment les oreilles (vieille superstition ashkénaze censée protéger du mauvais œil). Ça fait plus de vingt ans que ça dure et que chaque fois que tu vas dîner chez Mamie, dès la télé allumée, tu flippes à l'éventuelle annonce par Pujadas d'un tsunami au Japon.

UN PAPY JUIF...

c'est un papa juif, avec trente kilos de plus. Gavé de boulettes depuis cinquante ans par Mamie, il a décidé de prendre sa revanche. C'est toi qu'il va gaver.

Pour ton Papy, tu es le/la joyau/perle de son existence (juste après ta Mamie, et ses propres enfants). Quand tu dînes chez lui et qu'au journal de 20 heures*, Gilles Bouleau (« il est pas juif comme Pujadas, mais je l'aime bien ! ») parle de l'Algérie, il te raconte pour la millième fois comment sa famille est partie « une main devant, une main derrière » en 1962. Et là, immanquablement, il te pince la joue (ou plutôt te l'arrache) en te disant « mais toi, tu es mon trésor ! »

---

* De toute façon, ton Papy ne regarde plus France 2, il dit (en arabe) que Charles Enderlin (correspondant permanent de la chaîne en Israël) est « vendu aux Arabes » !

LES TEXTOS DES MÈRES JUIVES #1

> Je t'ai appelé 3 fois, tu ne réponds pas, j'essaie une dernière fois après j'appelle la police.

> Je suis au travail Maman !

> Qui êtes-vous ?

> Vous avez enlevé mon fils ?

Les prénoms juifs

Selon les années, les prénoms juifs ont évolué. Même si les David et Dan chez les garçons ainsi que Sarah et Esther chez les filles n'ont jamais vraiment bougé, chaque génération a eu ses prénoms.

ANNÉES 1930-1940

C'est en général le prénom des grands-parents, évidemment selon qu'ils viennent d'Afrique du Nord ou d'Europe de l'Est, les prénoms diffèrent :

Simone : La version féminine de **Simon**, qui vient de **Shimon**, très à la mode dans les années 1930 mais qui sent bon l'intégration française. Simone Veil, par exemple.

Denise : Un prénom typique d'Afrique du Nord pour les jeunes filles de l'époque, et pourtant ce prénom vient de la Grèce antique et du dieu Dionysos. On sent la mère juive derrière !

Adolphe : Plus du tout à la mode après 1933, encore moins après 1945. Pourtant, un célèbre boucher de la rue des Rosiers a conservé son prénom comme enseigne (preuve que les bouchers casher ne doutent de rien).

Motel : Oui, avant d'être un hôtel en bordure d'autoroute américaine, Motel était un prénom très usité en Europe de l'Est.

Maurice : Le symbole de l'intégration à la France des juifs d'Algérie. Un bon prénom romain tiré du latin *Mauritius*, mais qui reste nord-africain puisqu'il désigne les personnes habitants en Mauritanie antique, le Maroc actuel.

ANNÉES 1960-1970

Généralement le prénom des parents. Après le traumatisme de la Shoah et la vague d'immigration juive depuis les pays arabes, c'est l'heure de se faire oublier. Les prénoms se francisent au maximum, jusqu'à s'étendre à ceux d'apôtres chrétiens. Beaucoup de prénoms composés, même s'ils ont tous un deuxième prénom hébraïque sur leurs papiers.

Paul et **Jean-Claude** : On aurait pu en citer tant d'autres, **Henry-Luc, Jean-Jacques, Jean-Pierre**... Les parents ont tout de même essayé d'éviter les **Christophe** ou **Christian**.

Patricia : Chez les filles, c'est moins marquant, parfois les modes sont tellement puissantes qu'elles l'emportent sur la tradition. La vague surpuissante des **Sylvie,** par exemple, n'a pas épargné la communauté juive.

ANNÉES 1980-1990

Les prénoms des trentenaires et moins, en France surtout pendant l'âge d'or du Sentier, c'est le retour de la fierté de l'origine mais aussi de l'américanisation des prénoms, Beverly Hills oblige.

Jonathan : Un classique des prénoms toujours donné aujourd'hui, mais qui risque de tomber en désuétude. En effet, il est inspiré des termes hébreux « Yô » et « hânan » se traduisant par « Dieu a donné ». En gros, la version juive de Dieudonné.

Steeve : Steeve, dérivé de Stéphane, prénom d'origine grecque ? Point du tout. Sache que si tu t'appelles Steeve, c'est que tes parents ont beaucoup trop regardé *Beverly Hills*.

Kimberly et **Samantha** : Encore des victimes des séries américaines : *Melrose Place*. La classe américaine, quoi !

Déborah : Retour en force des prénoms d'origine hébraïque. On est fier de dire qu'on est juif, Déborah tout comme **Rebecca** deviennent à la mode.

Combo de la mort : Avoir deux fils et les prénommer **Mickaël** et **Jordan**.

ANNÉES 2000-2010

Les parents se sont senti pousser des ailes, les prénoms tout court, en hébreu et grandiloquents, c'est pour maintenant. On a quand même ici distingué les filles des garçons, parce que parfois c'est compliqué.

Pour les filles

Noa : Comme Yannick mais pour les filles. Noa c'est avant tout le dérivé de Noé, celui qui a construit l'Arche et qui est considéré comme l'ancêtre de toute l'humanité, rien que ça !

Éden : Carrément, le jardin d'Éden. On n'a rien à dire sur Éden, on trouve ça très beau mais peut-être un peu prétentieux.

Pour les garçons

Shaï : Si ton fils hurle, s'il est hyperactif et insupportable, ne le prénomme pas Shaï, car ton fils, c'est pas un shaï (« cadeau » en hébreu).

Ethan : Tiens, un prénom à deux syllabes dans les années 2000 ! C'est le minimum syndical pour les parents, après c'est trop. Le prénom Ethan provient de l'hébreu et signifie « fort » ou « robuste ». Bref, on reste dans la modestie.

> **NOTE**
> Contrairement aux musulmans de France, les juifs hexagonaux ne donnent pas en majorité à leurs enfants le prénom de leur plus grand prophète, Moïse (Moshé).

Tous les chemins mènent à Enrico

Selon une étude statistique, dans la communauté juive, tout le monde a un lien avec Enrico Macias. Par exemple : « Ta mère a bien connu la sœur du boucher qui servait le beau-frère de la cousine d'Enrico. » Tu vois !

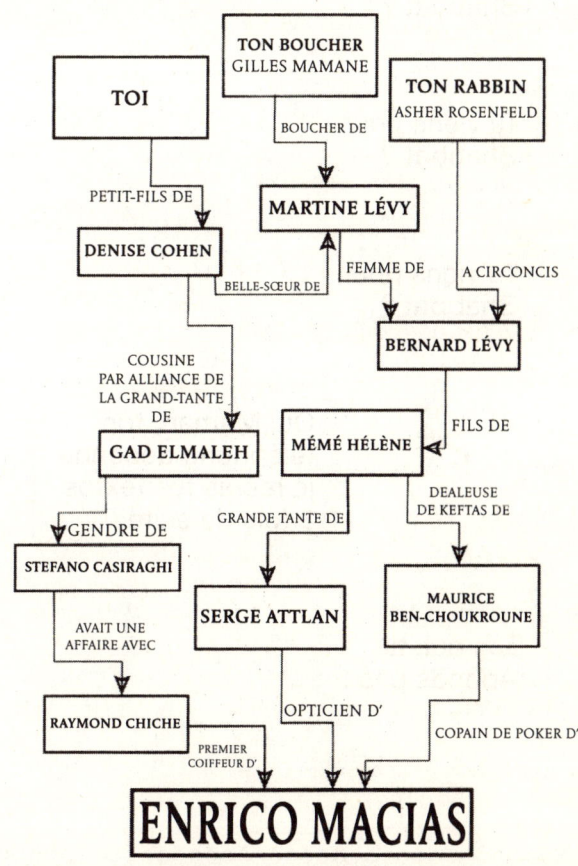

LES TEXTOS DES MÈRES JUIVES #2

> Tu viens pour Shabbat ?

> Tu viens pour Shabbat ?

> Tu viens pour Shabbat ?

> Oui Maman, ton téléphone déconne je reçois tes textos 3 fois de suite !

> Ben oui, tu réponds pas !

Laisse, ta sœur va débarrasser

Où finit la tradition et où commence l'esclavage ?

Si tu es un garçon, depuis que tu es petit, tu n'as jamais fait une tâche ménagère... La nourriture c'est ta grand-mère, le ménage c'est ta mère, le Shabbat c'est ta tante. Et si jamais tu avais de la peine pour elles à la fin d'un dîner et que tu te décidais enfin à lever le petit doigt pour débarrasser, tu entendais ta grand-mère s'offusquer dans un énorme grondement :

« Qu'est-ce que tu fais ? Ça va pas ou quoi ? Laisse, ta sœur va débarrasser, assieds-toi ! »

Tu aimerais faire évoluer les mentalités, mais la pression familiale est trop forte, et tu n'y arrives que très tard dans ta vie.

Quand ta sœur s'insurge, tu réagis différemment selon ton âge :

- **Si tu as 10 ans :**

« Et voilà, Mamie elle a dit que je ne faisais rien, parce qu'elle m'aime plus que toi ! »

- **Si tu as 16 ans :**

« Attends c'est normal, les femmes ont toujours été au service des hommes, tu crois que ça va changer ? »

- **Si tu as 25 ans :**

« Non, Mamie, c'est bon je vais le faire. Elle a raison Rebecca, c'est quoi cette image rétrograde de la femme, ça fait quinze ans qu'elle débarrasse et qu'elle dit rien ! »

- **Si tu as 45 ans :**

« Bon, ça va Rebec', sous prétexte que les femmes sont pas esclaves des hommes, tu ne fais plus rien depuis vingt ans. Je veux bien l'égalité, mais là faut pas pousser, je me tape le débarrassage tous les Shabbat maintenant ! »

- **Si tu as 60 ans :**

« Rebecca, tu te souviens quand Mémé te disait de débarrasser parce que tu étais une fille ? Elle me manque Mémé... »

LES TEXTOS DES MÈRES JUIVES #3

> Tu sais que mon fils c'est pas un pantin !
>
> Tu as intérêt à en prendre soin si tu te maries avec lui !

> Maman tu t'es trompée de destinataire !

> Et stp n'envoie pas ça à Déborah !

Nos ancêtres les rabbins

Dans toute famille juive qui se respecte, un rabbin figure toujours en bonne place dans l'arbre généalogique. Peu importe que vous soyez ashkénaze ou séfarade, les critères sont plus ou moins les mêmes. Il s'agit d'un sage (« que sa mémoire soit bénie »), dont l'érudition talmudique, les actions et la renommée ont traversé les frontières et les siècles.

À QUOI SERT UN ANCÊTRE RABBIN ?

Si votre ambition est de devenir rabbin, il sera toujours utile de vous prévaloir de cette hérédité, un peu comme la ligne « stage dans un orphelinat cambodgien » que vous avez ajoutée sur votre CV et que personne n'ira vérifier.

À QUOI SERT L'ANCÊTRE RABBIN POUR DES PARENTS JUIFS ?

Si votre fiancé Jean-Christophe, avec qui vous sortez depuis trois ans, s'est enfin décidé à demander votre main, maman sera ravie de sortir de sa manche l'ancêtre rabbin, qui (versant ashkénaze) n'a « pas été massacré par les nazis pour voir son arrière-petite-fille se marier avec un goy ! » Problème : maman a toujours raconté que ce lointain aïeul avait été un conseiller avisé du roi de Pologne à la fin du XVIIIe siècle. Vous aurez beau lui rétorquer que les nazis n'ont pas envahi la Pologne à la fin du XVIIIe, elle ne veut rien entendre !

Et s'il s'agit plutôt de votre fiancé Mouloud et que votre famille est séfarade, l'ancêtre rabbin sera tout autant convié par maman aux réjouissances, façon « Les Arabes nous ont tout pris hiiiii, et maintenant ils me prennent aussi ma fille ! Hiiiii, Baba* Isaac Prosper Bennilouche, que sa mémoire soit bénie, heureusement il verra pas ça ! » Papy, qui vous adore, ne manquera pas d'ajouter « Prosper Bennilouche, tu confonds pas avec le boucher de l'avenue Mohammed V à Casa ? »

---

* Baba = papa en judéo-arabe, utilisé en préfixe pour de nombreux rabbins éminents, tel le célèbre Baba Salé (« de mémoire bénie »).

Un nouveau petit copain à présenter ?

Un nouveau petit copain (ou petite copine) à présenter ?
Attention aux 10 questions qui tuent.

- « Il est juif ? »

- **« Il est ashkénaze ? »**

- « Il est séfarade ? »

- **« Ils font quoi ses parents ? »**

- « Il fait finance ou dentaire ? »

- **« Boutboul ? C'est le fils à Simon ? »**

- « Il aime la dafina ? »

- **« Il aime le *gefilte fish* ? »**

- « Il va à quelle syna ? »

- **« Il a de la famille en Israël ? »**

II

À TABLE !

LES (VRAIS) 10 COMMANDEMENTS

II

TU NE DIRAS JAMAIS DE MAL D'ENRICO MACIAS, QUOI QU'IL FASSE ET MÊME S'IL CHANTE À NOUVEAU LORS DE L'ÉLECTION DE SARKOZY !

Un Shabbat presque parfait

Le dîner de Shabbat est le moment où toute la famille se retrouve. On a bien dit TOUTE. Sache que si tu veux le zapper parce que tes potes t'ont promis l'afterwork de l'année vendredi soir, ce n'est même pas la peine d'y penser. **Ta mère t'assassine sur l'heure si tu déclines.**

Passée la bénédiction du kiddouch, courte prière pendant laquelle ta sœur ne peut s'empêcher de consulter ses textos, puis la distribution du pain de Shabbat (Challah), pendant laquelle le silence complet doit régner et durant laquelle ta sœur ne peut s'empêcher de l'ouvrir, **les agapes peuvent enfin débuter.**

Tu penses pouvoir te régaler en toute quiétude des plats concoctés amoureusement par ta mère, mais c'est le moment que ton beau-frère dentiste choisit systématiquement pour faire part à toute la tablée de ses brillantes analyses géopolitiques sur la situation au Moyen-Orient (« je vois pas pourquoi on nous emmerde avec les Palestiniens, ils ont un pays qui s'appelle la Jordanie », là tu as juste envie de lui fourrer la moitié de tes boulettes dans la gorge pour qu'il la boucle enfin). C'est à ce moment précis que ton petit frère demande s'il peut aller dans le salon voir la retransmission de OM-PSG sur Canal +, et que ton père lui en allonge une en hurlant **« On n'allume pas la télé, c'est Shabbat ! »** Le portable de ta sœur se met alors à sonner et ton père lui jette en général le même regard que Roger Hanin sur le point de dézinguer Bernard Giraudeau dans *Le Grand Pardon*. Munie de son sourire impeccable de femme de dentiste, elle décroche quand même en annonçant à toute la tablée « c'est le bureau, ça doit être urgent ! » S'ensuit en général une conversation du genre : « Cynthia, je suis trop deg', j'avais oublié mon carton pour les ventes presse Bensimon, ils m'ont pas laissée entrer ces bâtards ! », tandis que ta mère te rajoute une dernière cuillère de boulettes alors que tu lui as dit « stop ! » trois fois. Chaque dîner de shabbat, c'est le même rituel, mais tu sais que tu ne peux pas t'en passer, et que, comme on dit dans les mariages juifs quand tu es encore célibataire : **« Bientôt chez toi ! »**

LES TEXTOS DES MÈRES JUIVES #4

> Hello, how are you…

> Pourquoi tu parles en anglais ?

> Parce que je viens de regarder un reportage sur la France de Vichy, je ne veux plus parler français !

Quelques sujets de discussions pour le repas de Shabbat

Le « peuple du Livre » n'a pas que des discussions philosophiques. À Shabbat, voici un petit panel de sujets qui intéressent les juifs.

- Le baptême à l'église du fils de Gad Elmaleh
- **Un soupçon d'extrémisme palestinien**
- Un peu d'extrémisme juif
- **La supposée judéité de David Pujadas**
- Le voyage de Tata Rachel à Punta Cana
- **L'histoire des bonnes relations de tes grands-parents avec leurs voisins arabes au Maghreb**
- Le nombre d'entrées du dernier film de Toledano et Nakache
- **Le prix de la viande casher**
- Le bouquin sur l'enfance de Drucker
- **La suprématie du Consistoire sur le judaïsme français**
- Le prix excessif des doudounes Canada Goose *(mais ça tient chaud)*
- **Un peu de « Vendredi tout est permis »**
- Une pointe de Michel Boujenah
- **Plus grand-chose sur Kirk Douglas**
- Rien sur Mike Brant

Ashkénaze/Séfarade : le combat de chefs !

La nourriture est le grand sujet de discussion dans les familles juives. Depuis l'arrivée en France des juifs d'Afrique du Nord (les Séfarades), les Ashkénazes de France ont eu un choc culinaire. Ils ont découvert qu'il pouvait y avoir plus d'épices dans un seul plat séfarade que dans tous les plats qu'ils avaient mangé depuis le début de leur vie. Si certains plats traditionnels se sont dilués dans la culture culinaire française, lors des fêtes, c'est toujours le combat des chefs, à qui aura le meilleur plat !

CHEF SÉFARADE

Couscous sur lit d'agneau, de boulettes ou de poisson
↳ **Gourmand**

Le couscous est une véritable institution chez les Séfarades, empreinte de la tradition arabe, il s'invite désormais à toutes les tables de Shabbat, parfois même chez les Ashkénazes.

Le + : Les Algériens sont les derniers défenseurs du couscous au beurre, personne n'a encore déchiffré ce mystère.

Pastilla aux amandes et Pigeon à la marocaine
↳ **Croquant**

Le must ! Quand tu commences, tu ne peux plus t'arrêter, c'est gourmand et croquant !

Grosses boulettes tunisienne aux pommes de terre
↳ **Fondant**

Attention à l'overdose ! (Cf. Le chapitre « L'art de la boulette » page 47.)

Baba ganousch en purée d'aubergine
↳ **Goûtu**

D'origine égyptienne ou libanaise, le Baba Ganousch est une entrée délicieuse à base de téhina, d'ail et de purée d'aubergine. On en trouve désormais beaucoup en Israël.

Makbouba en salade, ou salade cuite
↳ **Malin**

On n'ose pas l'attribuer à telle ou telle communauté séfarade, au risque de voir sa tête mise à prix. Car la salade cuite est bien originaire d'Afrique du Nord. Le premier à avoir eu l'idée de faire cuire des poivrons, de l'ail et des tomates dans de l'huile d'olive est bel et bien un génie !

Molokheya en coulis
↳ **Assaisonné**

Tunisienne ou égyptienne. La couleur et la consistance ressemblent à une jolie diarrhée du matin, mais le goût est somptueux ! Autant apprécié des juifs que des musulmans, ce mets est devenu un véritable plat de fête. Pas d'inquiétude si vous avez l'impression qu'il ne se termine jamais, c'est normal !

Dafina
↳ **Risqué**

Un plat typiquement marocain.

Le risque : ne plus jamais te relever de ta chaise ! D'ailleurs la dafina se déguste essentiellement le samedi midi, car le vendredi tu risques l'AVC.

CHEF ASHKÉNAZE

Tchoulent
↳ Gourmand

Plat traditionnel du samedi, son nom yiddish vient du français (chaud-lent) et aurait pour origine un ragoût concocté par les grognards durant la retraite de Russie. Il se prépare la veille du shabbat et cuit à four très doux pendant la nuit. À base de pommes de terre, d'orge perlé, de viande de bœuf et d'un ingrédient indispensable et pauvre en cholestérol (le cou d'oie farci), il produit les mêmes effets que la dafina. Sieste vivement recommandée après ingurgitation.

Yœh
↳ Fondant

Consommé lors du repas de Shabbat du vendredi soir et lors des fêtes de Pâque, ce bouillon de poule servi avec des nouilles, des carottes et des *kneidleh* (nom yiddish des boulettes réalisées à partir de farine de matsa) est un must de la cuisine ashkénaze, servi dans tous les delicatessen new-yorkais, au même titre que le mythique sandwich au pastrami !

Kroupnik
↳ Malin

Son nom ressemble à celui d'un satellite russe, mais le kroupnik est aux Ashkénazes ce que la chorba est aux musulmans. Une soupe de légumes revigorante, à base d'orge perlé, de haricots blancs (*bobbes* en yiddish, ne pas confondre avec *boobs* en anglais), pommes de terre, carottes, oignons, céleri, navets et cèpes.

Pied de veau en gelée
↳ Très risqué

Imaginez de la jelly, mais concoctée à base de... pied de veau ! Un régal pour tout Ashkénaze qui se respecte, mais un plat à haut risque à servir pour un dîner entre amis gourmets.

LES (VRAIS) 10 COMMANDEMENTS

III

JE N'AI JAMAIS DIT QU'IL FALLAIT SE COUPER LA BITE, C'EST QUOI CE DÉLIRE ?!

LES TEXTOS DES MÈRES JUIVES #5

> Je suis sur le site Égalité et Réconciliation d'Alain Soral, j'adore !

> Mais ça va pas, c'est un site de fachos antisémites !

> Pas du tout, il arrête pas de dire qu'on est les meilleurs en tout, les plus riches et qu'on dirige le monde !

Le Tupperware Game

Le Tupperware, plus généralement nommé par ta grand-mère :

> # « LA BOÎTE »

Oui, « Tupperware », c'est compliqué à prononcer, et puis les anglicismes, c'est pas son truc à Mamie. Même si elle croit parler un anglais courant parce que « le Maroc était un protectorat britannique et mon père il faisait le commerce du thé avec les British et blablabla... »

BREF

Le commerce de ta grand-mère, c'est plutôt dans les « boîtes ». Elle est complètement obsédée par ça : elle les compte, les recompte, en vend, en rachète, mais surtout passe sa vie à les chercher. Et si jamais elle en perd une, c'est l'enquête du siècle !

CLUEDO : Qui a volé la boîte ?
Voir pages suivantes.

Martine Choukroune

« Parce que j'ai envie de l'accuser, c'est tout. »

Docteur Ohayon dans son cabinet avec les boulettes

« Oui je donne des boulettes au docteur Ohayon, et alors ?

Ta mère dans la cuisine avec la Dafina

« Elle n'a sûrement pas fait attention, mais c'est dans ses habitudes, elle ne rapporte jamais rien celle-là. »

Madame Benhamou dans sa cuisine avec les gâteaux

« Elle ne m'appelle plus celle-là, c'est sûr qu'elle a une de mes boîtes. »

Ton père dans la bibliothèque pour ses marque-pages

« Dès que ma fille me l'a présenté, j'ai su que c'était un intellectuel, cet ashkénaze. C'est sûr qu'il utilise mes boîtes pour mettre ses marque-pages. »

Arthur dans son émission *À prendre ou à laisser !* « C'est lui ! Il n'arrêtait pas avec les boîtes. »

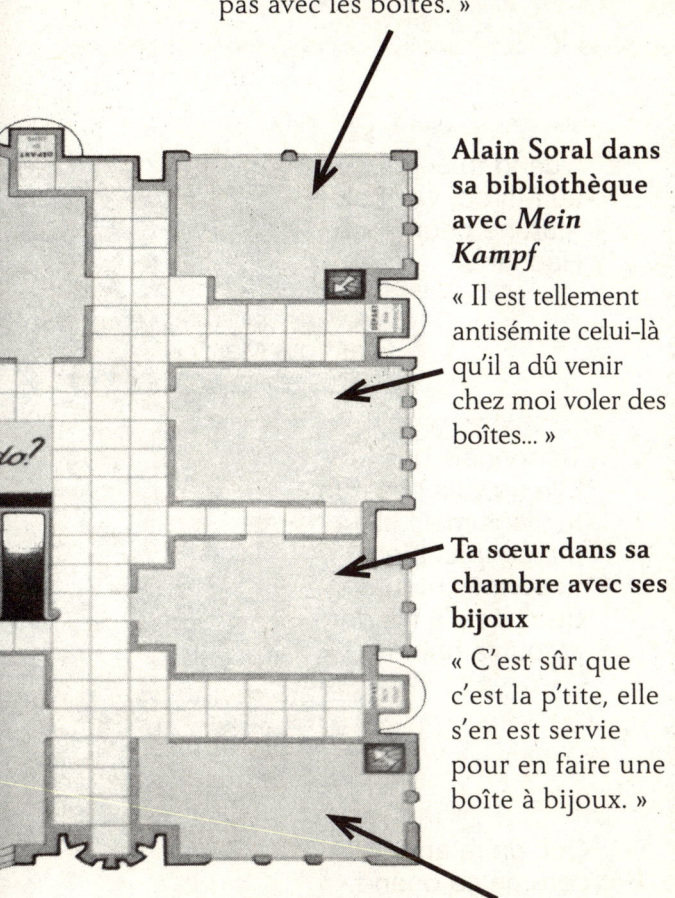

Alain Soral dans sa bibliothèque avec *Mein Kampf*

« Il est tellement antisémite celui-là qu'il a dû venir chez moi voler des boîtes… »

Ta sœur dans sa chambre avec ses bijoux

« C'est sûr que c'est la p'tite, elle s'en est servie pour en faire une boîte à bijoux. »

Ton grand-père dans la salle d'eau avec son dentier

« Il me rend dingue ton père, il utilise mes boîtes pour mettre son dentier, il se croit encore dans son village en Tunisie. »

LES TEXTOS DES MÈRES JUIVES #6

> Quand tu seras au Maroc, va chez Martine pour Roch Hachana !

> C'est qui Martine ?

> Tu connais pas ! Elle ne sais pas que tu viens mais elle me connaît bien, tu sonnes et tu dis que tu es le fils de «Mounia hbiba»…

> Mounia hbiba ?

> Oui, on m'appelait comme ça quand j'étais jeune !

L'art de la boulette

La boulette est un thème hautement sensible chez nos coreligionnaires. Il est plus risqué de disserter sur le sujet que de faire un papier propalestinien dans un journal d'extrême droite juif. Chaque juif pense en effet que les boulettes de sa mère sont, de loin, les meilleures du monde (avec celles de sa grand-mère, et celles de ses ancêtres depuis vingt générations).

Si tu es un juif d'Afrique du Nord, tu devrais savoir que :

■ LA BOULETTE EST UNE DROGUE DURE

La boulette a été découverte pour la première fois par tes papilles sensibles de bambin quand tu as entendu la douce voix de ta grand-mère prononcer *« mange, mange ou j'appelle ta mère, Nardine bebek ! Il me rend folle ce gosse ! »*

C'est là que le cercle vicieux s'enclenche. Une fois que tu as goûté la boulette, tu ne peux plus t'en passer. Tu comprends que ça devient une véritable addiction quand ta grand-mère te siffle en secret dans la cuisine : *« Hffff, hffff, tu veux de la boulette mon fils, j'en ai 500 grammes, c'est d'la fraîche ! »*

■ LA BOULETTE COMPORTE DES RISQUES

Qui dit addiction dit overdose possible. Attention, si tu en manges trop, tu peux vite faire un rejet total de tout ce qui est rond avec de la viande. Toutes les boulettes te sortent par les yeux, de la marocaine (petite avec des oignons) à sa sœur tunisienne (si, tu la connais, celle avec plus de pommes de terre que de viande à l'intérieur) en passant par le *klops*, pain de viande des shtetls.

BON À SAVOIR

La boulette est une addiction très peu reconnue par les médecins contemporains... À part peut-être par le docteur Ohayon, qui tente de faire reconnaître l'addiction car lui-même ne sait plus comment s'en sortir, vu que sa femme lui en injecte en intraveineuse depuis trente ans.

Les règles de la cuisine casher

Les règles de la cuisine casher sont très simples :

Tous les trucs que vous kiffez (genre œufs au bacon ou moules marinières), **vous oubliez !**

Les principes de l'alimentation juive, selon les règles de la Cacherout, exigent de **ne pas mélanger viande et produits lactés**. Outre cette première règle, seule est consommable la viande des animaux qui **ruminent** et dont le **sabot est fendu**. Ce qui exclut donc notre ami le porc de cette catégorie. Côté poissons, ce qui comporte **écailles et nageoires** est permis, tout le reste non. Adieu donc coquillages et crustacés, sur la plage abandonnés...

Un exemple concret pour mieux comprendre les règles de la cuisine casher. Vous avez grave la dalle et envie de vous préparer un hamburger comme celui que vous avez avalé goulûment à New York pendant vos dernières vacances. Vous savez, celui avec une viande de bœuf si charnue, une tranche de bacon grillée tellement craquante et du cheddar fondant pour lier tout ça.

Donc, pour votre hamburger casher, vous allez retirer immédiatement ce **bacon** (c'est péché !), virer cette tranche de **cheddar** (double péché !) et allez vous concocter un délicieux sandwich de viande hachée casher, *yummy* ! Vous verrez, avec des cornichons, des oignons, une tranche de tomate et de la laitue, c'est bien aussi. Et puis vous avez le droit de boire une bière pour faire passer tout ça. Mais surtout pas un lait fraise, malheureux ! **On a dit qu'on ne mélangeait pas viande et produits lactés !**

TEST

Et si vous n'avez toujours rien compris aux règles de la cuisine casher, entraînez-vous avec ce petit test.

Les boulettes de porc : ☐ casher ☐ pas casher
Le gefilte fish : ☐ casher ☐ pas casher
La quiche lorraine : ☐ casher ☐ pas casher
Le sandwich saucisson casher-beurre-cornichons :
☐ casher ☐ pas casher
Les crevettes casher : ☐ casher ☐ pas casher

Réponses :

- **Les boulettes :** C'est pas parce que y a marqué « boulettes » que c'est casher, on a dit pas de cochon ! ➜ pas casher
- **Le gefilte fish :** Tant qu'il n'est pas fait à base de moules, et que vous n'essayez pas de le relever avec de la sauce d'huîtres ➜ casher
- **La quiche lorraine** : Enlevez les lardons, et c'est casher. Mais du coup c'est plus une quiche lorraine. ➜ pas casher
- **Le sandwich saucisson casher :** Piège. Certes, le saucisson est casher, mais fallait pas tartiner de beurre, même si c'est meilleur. ➜ pas casher
- **Les crevettes casher :** Eh oui, ça existe ! Imaginez un truc qui a la couleur de la crevette, la forme de la crevette, et le goût de tout ce que vous voulez, sauf d'une crevette. L'inventeur du concept de « crevette casher » a eu une idée aussi brillante que lorsque Patrick Bruel a interprété sur scène un morceau de... David Bowie. ➜ casher

LES TEXTOS DES MÈRES JUIVES #7

> Tu as mangé mon couscous ?

> Pas encore…

> Tant mieux ! Tu peux me le rapporter ?
> Ton frère vient manger à la maison avec sa copine et j'ai rien préparé…
> La h'chouma !!!

Le resto casher

Il y a plusieurs choses à savoir quand vous emmenez un ami non-juif manger dans un resto casher :

AVANT LE REPAS
- Dites-lui bien de ne pas faire attention au **service**, c'est comme ça, c'est dans la culture.
- S'il est difficile, c'est mieux. Le restau casher est le seul endroit au monde où vous pouvez manger **japonais** en entrée, **new-yorkais** en plat principal et **thaïlandais** en dessert.
- Dites à votre ami qu'il vaut mieux qu'il attende de rentrer chez lui pour aller aux toilettes... Non, ce n'est pas sale ! C'est juste qu'il va falloir lui expliquer à quoi sert la **grande tasse en métal à deux anses***, et franchement... la flemme.

PENDANT LE REPAS
- Il sourira à la **serveuse** mais rien n'y fait, elle préférerait être morte plutôt que de vous servir.
- La phrase qu'il entendra le plus souvent dans un resto casher : **« Laisse, l'addition c'est pour moi. »**

BON À SAVOIR
Dans un resto casher, vous n'avez pas encore commandé que déjà vous payez, vous n'avez pas encore mangé que vous devez déjà libérer la table, et vous n'avez pas encore libéré la table qu'ils prennent déjà votre commande pour la prochaine fois. C'est comme ça.

---

* La grande tasse en métal à deux anses se nomme *kéli* (terme hébreu qui signifie « ustensile »), on l'utilise pour l'ablution des mains trois fois par jour et avant les repas. Les juifs religieux utilisent cette tasse et non directement un robinet, car il faut que ce soit la force humaine qui fasse couler l'eau et non pas un mécanisme.

Chez le boucher

Boucher casher est un métier d'avenir. Le postulat de départ de la boucherie casher, c'est que **le kilo de viande hachée est au prix du caviar Béluga**. Chaque fois que vous ressortez de chez votre boucher, vous vous dites « *j'hésitais entre refaire la peinture du salon et prendre le rôti de veau fourré aux pruneaux, finalement je me suis décidé pour le rôti* ». En votre for intérieur, vous pensez « *on ne m'y reprendra plus !* », mais c'est comme au casino, à part vous faire interdire, vous ne voyez pas d'autre issue possible.

Une fois, vous avez bien essayé de changer de boucher, vous vous êtes dit « *je ne pars jamais aux Seychelles, je ne vois pas pourquoi je financerais les vacances d'hiver de Elgrably & fils, escrocs bouchers casher depuis trois générations !* » Vous êtes allé voir chez Maurice Bénazeraf le prix du kilo de merguez, et là, vous avez compris qu'avec des restes, on pouvait aussi faire fortune. Rentré chez vous, vous avez pris votre fils de 17 ans par la nuque* et vous lui avez annoncé, sur un ton ferme et solennel : « *Steeve, c'est décidé, plutôt qu'HEC, tu vas faire un CAP boucherie-charcuterie !* » Et au lieu de racheter votre assurance vie pour continuer à manger de la viande casher, vous êtes devenu végétalien.

TEST

Un petit test facile pour savoir si vous êtes bien chez un boucher casher.

Pour le prix d'un kilo de côte de bœuf chez un boucher casher, vous pouvez acheter :

☐ Une paire de Nike
☐ 2 volumes de la Pléiade
☐ 5 kilos de côte de bœuf chez un boucher non-casher

Réponse :

Si vous avez coché les trois cases, tout va bien, vous êtes chez un boucher casher !

---

* Cf. le chapitre « Les idoles absolues », page 116.

III

OH MY GOD !

À la synagogue

« C'est quoi ce petit chapeau ? »

↳ Une kippa. Il faudrait d'ailleurs bannir à tout jamais l'expression « petit chapeau », ça nous rappelle notre circoncision et ça nous met mal à l'aise.

« C'est quoi ce truc, pourquoi vous embrassez le cadran de la porte ? »

↳ Non, nous ne sommes pas idolâtres des cadrans de porte, nous embrassons la mezouza, une petite boîte contenant un parchemin sur lequel figurent deux passages bibliques.

« C'est quoi la GoPro que vous mettez sur la tête pour prier ? »

↳ Ce sont des phylactères, alors oui, on est parano, nos établissements sont surveillés par des caméras, mais on n'est pas allé jusqu'à en placer sur les fidèles.

« C'est quoi ce truc de se balancer d'avant en arrière quand vous priez ? »

↳ Non, on ne simule pas un acte sexuel... On s'incline devant Dieu. Cliniquement parlant.

« C'est quoi la grande écharpe que vous mettez sur le dos ? »

↳ Non, il ne fait pas froid dans les synagogues, c'est un châle de prière, un talit, une prescription biblique :

« Tu mettras des **franges** aux quatre coins du vêtement dont tu te couvriras [...] » *Deutéronome*, 22-12.

Ce dernier passage déclare spécifiquement que seul un vêtement à quatre coins doit comporter des franges.

« C'est quoi la grande tasse avec deux anses sur le lavabo ? »

↳ On a déjà expliqué, tu n'as pas lu le livre depuis le début[*] !

---

[*] Cf. le chapitre « Manger dans un resto cacher » page 51.

LES (VRAIS) 10 COMMANDEMENTS

IV

LE JOUR DE KIPPOUR, TU TE LAVERAS LES DENTS S'IL TE PLAÎT. PARCE QU'AU FINAL C'EST MOI QUI M'EN PRENDS PLEIN LA FIGURE.

Les 10 choses qui énervent à la synagogue

Maintenant que vous êtes un peu calé en religion juive, on va plus loin et on vous explique ce qui nous énerve vraiment quand on est à la syna.

- **Quand on change dix fois de page** pendant le même office. On revient en arrière dans le bouquin, puis on retourne à la page 212 sans oublier de dire le passage de la page 233. En gros, on est vite paumé. C'est là qu'on comprend l'utilité réelle du marque-page en tissu dans les livres de prières.
- **Quand le rabbin nous appelle pour lire un truc** et qu'on ne sait même pas où on en est.
- **Quand les femmes parlent** et que l'officiant dit tout fort **« taisez-vous mesdames ! »** On a l'impression d'avoir perdu cent ans d'évolution.
- **Quand on a oublié nos kippas** et qu'il n'y a plus de kippa dans la boîte à kippas. Du coup, on met la main sur la tête, et c'est franchement ridicule.
- **Quand le voisin de prière fait semblant de lire** la Amida* et exécute tous les gestes de prosternation, alors qu'on sait très bien qu'il ne sait même pas lire l'hébreu.

---

* La Amida est une prière murmurée ou silencieuse, c'est un ensemble de bénédictions accompagnées de prosternations. Il en existe trois versions, une pour les offices des jours ordinaires, une autre pour le Shabbat et les jours saints, et une dernière pour la fête de Roch Hachana.

- **Quand le mec se la pète** en finissant sa Amida plus vite que les autres en mode « Je vous attends les gars ».
- **Quand tu entres dans une syna qui n'est pas la tienne** et que tout le monde te regarde comme si tu étais une bête curieuse.
- **Quand c'est le moment des enchères*** pour monter à la Torah et que Claude Benichou et son frère se battent entre eux pour bien montrer à tout le monde qui a la plus grosse… BM.
- **Quand personne ne nous dit quand il faut sortir de sous le talith**. Du coup, on est en suspens permanent. Le rabbin, lui, continue sa prière, et si tu ne passes pas une tête, tu pourrais y rester des heures.
- **Quand le mec de derrière n'arrête pas de parler** et qu'il nous dit « chut ! » quand on murmure un truc à son voisin.

---

* Pour les grandes fêtes ou pour Shabbat, des enchères sont traditionnellement organisées pour les fidèles désirant lire dans la Torah. L'argent récolté sert notamment à entretenir le lieu de culte (ses livres et son Sefer Torah), organiser des événements au sein de la communauté, ou aider les plus nécessiteux (Tsédaka).

La déprime de Noël

Non pas que Hanouka ce soit nul, mais c'est quand même moins sexy que Noël. C'est vrai, on n'a jamais vu une « maman Hanouka » déguisée en « chandelier sexy ».

Alors, le soir de Noël, c'est la déprime assurée, tu regardes avec envie tes amis non-juifs :

- Quand les autres enfants ont un **joli sapin de Noël**, toi, tu te paies un vieux chandelier. Le seul « kif » que tu pourrais avoir, c'est de souffler les bougies.
- Eh ben non ! Même ça, tu n'y as pas droit. Un jour, tu as bien essayé, mais tes fesses s'en souviennent encore. Petit, tes parents ne t'ont pas acheté de sapin de Noël, mais pour te faire plaisir, **ils ont décoré la plante du salon** avec trois boules et deux guirlandes. Tristesse assurée, déprime garantie, traumatisme indélébile. Ah oui, et pour la chaussette, tu pouvais toujours t'accrocher.
- Quand les autres petits garçons et petites filles ont **des cadeaux de malades** sous le sapin (vélos, circuits électriques, poupées), toi tu as un sachet en plastique rempli de bonbons casher des plus dégueu, un fruit et une toupie. Et c'est pas une toupie du genre : « *Beyblade Métal Fusion* ». NON : c'est une toupie toute pourrie que tu tournes à la main et qui ne fonctionne pas plus de dix secondes.
- **Facebook** est le pire vecteur de déprime pour les juifs à Noël. Tous tes amis postent des photos de leur dinde aux marrons et de leur sapin de Noël, toi tu postes ta hanoukia (chandelier), mais faut avouer que les bougies, c'est quand même moins cool que les guirlandes.

- Quand tu étais enfant tu avais tellement les nerfs de ne pas fêter Noël que ton grand jeu, c'était de dire à tous tes copains non-juifs que **le Père Noël n'existait pas.** Du coup, tu n'avais plus d'amis.
- Enfant, tu te revois encore, au supermarché, pleurant derrière le Caddie de tes parents avec **ton calendrier de l'Avent** dans tes petites mains. Ce caprice était vite réglé, le calendrier était reposé en rayon fissa. Du coup, une fois adulte, tu règles ton traumatisme, tu te rattrapes, et cette année tu en achètes 3.
- Si tu as de la chance, Noël tombe pendant Hanouka et tu ne seras pas tout seul, mais sinon, c'est la catastrophe et tu te retrouves solitaire pendant que tout le monde est en famille. Du coup, soit tu déprimes en regardant **un film du style Maman j'ai raté l'avion**, soit tu te prends en main et tu dis à toute ta famille avec un grand sourire en faisant semblant d'y croire : « On achète des crevettes ? » et tout le monde te regarde bizarrement*.

COMMENT TU AS DÉCOUVERT QUE LE PÈRE NOËL C'ÉTAIT BIDON :

1. Son traîneau à lui, c'était la vieille BM de ton père.

2. Ton Père Noël à toi, il avait un accent pied-noir et il postillonnait comme Tonton Gilbert.

3. Quand il te donnait les cadeaux, il te précisait bien que : « celui-ci c'est le cadeau du Papa Noël de Maman, celui-ci de Papa, et le dernier c'est celui de Mamie. »

---

* Tu ne comprends pas cette blague ? C'est que tu as séché le chapitre « Les règles de la cuisine casher », page 48.

LES TEXTOS DES MÈRES JUIVES #8

> Mon chéri, tu préfères Golda Meir, Simone Veil, Albert Einstein ou Woody Allen ?

> Pourquoi cette question ?

> C'est pour savoir, je fais les noms des tables pour ton mariage.

Pourquoi Hanouka, c'est aussi bien que Noël

Le truc qu'on ne vous a pas dit sur la déprime de Noël, c'est que la fête de **Hanouka** dure **8 jours**, et qu'on offre des *cadeaux* (des vrais, en fait, pas que des toupies pourries) aux enfants tous les jours !

Et puis, même si les chants de Noël sont superbes (au passage, notons que les plus célèbres chansons de Noël américaines ont été écrites et composées par des juifs, de *White Christmas* d'Irving Berlin à *Let it snow* de Sammy Cahn...), **Hanouka est une fête où l'on chante aussi en chœur lors de l'allumage des bougies** (bon, on ne chante pas en anglais ou en français, mais en hébreu, pour le côté plus « roots »).

OK, on a les boules de ne pas avoir de sapin de Noël illuminé dans son salon, mais le **chandelier** que l'on allume pour la fête de Hanouka tous les soirs, c'est vraiment beau. Et il y a autant de chances de provoquer un incendie chez soi avec des bougies allumées sur un chandelier qu'avec un court-circuit dans les guirlandes d'un sapin. Les pompiers sont partout !

Côté bouffe, là d'accord, **on ne peut pas rivaliser**. Les traditions culinaires juives de Hanouka s'arrêtent aux beignets chez les Séfarades et aux galettes de pomme de terre (« latkes ») chez les Ashkénazes. C'est un peu léger, **caloriquement parlant**, comparé à une dinde fourrée. Mais l'avantage, c'est qu'on évite le gavage de Smecta pour faire passer la bûche du réveillon.

Enfin, n'oublions pas que Noël peut constituer un intense moment de déprime lorsque l'on est seul. Alors si vous êtes seul et fêtez Hanouka ET Noël (et que, **cerise sur le gâteau**, vous êtes ashkénaze), **de quoi vous plaignez-vous ?** Deux intenses moments de déprime pour le prix d'un, c'est une véritable affaire !

Choisis ton rabbin

Dans la catégorie « rabbin », on peut trouver de tout, vraiment de tout...

■ LE RABBIN ORTHODOXE

C'est **le plus courant**. Comme son nom l'indique, garant de l'orthodoxie, il suit à la lettre les règles religieuses ancestrales. En clair, pas question, avant de lui demander de vous marier, de lui glisser une enveloppe avec un chèque en lui disant « *la famille de ma fiancée est d'une longue lignée de la noblesse normande, je crois qu'elle remonte même à Guillaume le Conquérant. Vous comprendrez que pour la ketouba (certificat de mariage des parents), ça va être compliqué. Je n'ai pas mis d'ordre sur le chèque, je n'écris pas l'hébreu* ». Vous seriez très mal reçu.

■ LE RABBIN MAROCAIN

Il a une spécialité : **les miracles**. C'est un peu le marabout des cartes distribuées à la sortie du métro Barbès, version rabbin. Tu as des problèmes financiers ? Ta femme est partie avec ton meilleur ami ? Tu veux désenvoûter ta fille amoureuse d'un joueur de djembé albanais ? Va voir un rabbin marocain, satisfaction garantie !

■ LE RABBIN LIBÉRAL

Pour les juifs orthodoxes, un rabbin libéral est aussi casher qu'un jambon serrano. Si les offices des synagogues libérales, célébrés mi-français mi-hébreu, peuvent parfois faire penser à une mauvaise sitcom chez les mormons, le rabbin libéral est, comme son nom l'indique, **plus tolérant** sur quelques règles trop contraignantes selon certains.

■ LA FEMME RABBIN

En France, il n'existe actuellement que trois femmes rabbins, **d'obédience libérale**. La barbe étant l'un des accessoires sans lequel un rabbin se sent tout nu, certains vous rétorqueront que rabbin n'est pas un métier compatible avec la féminité. Ils ont tort. La femme est l'avenir de l'homme, chez les rabbins aussi.

■ LE RABBIN GAY

Contrairement au prêtre, le rabbin, comme le pasteur et l'imam, **peut se marier**. Il peut même se marier avec un homme. Enfin, en principe car, dans les faits, rares sont les rabbins gays — même orthodoxes (il y en a !) — qui assument publiquement leur homosexualité, *a priori* peu compatible avec les règles de la religion juive.

■ LE RABBIN VÉGÉTARIEN

C'est le rabbin qui a définitivement **réglé son Œdipe**. Il est aussi rare que le rabbin gay, et a dû être traumatisé dans son enfance par une mère juive traditionnelle, pour qui un enfant qui n'avale pas un minimum de douze boulettes hebdomadaires est un enfant qu'il faut emmener consulter de toute urgence.

■ LE RABBIN CONVERTI AU CHRISTIANISME

On connaît un juif devenu cardinal, **Jean-Marie Lustiger**. Nous avons aussi trouvé un Grand rabbin italien converti au catholicisme et devenu professeur à l'Institut biblique pontifical. Israël Zolli, Grand rabbin de Rome en 1940, aura, alors qu'il conduisait le service de Yom Kippour en 1944, une vision mystique de Jésus-Christ, et se convertira au catholicisme en 1945.

LES TEXTOS DES MÈRES JUIVES #9

> Tu as vu "La Liste de Schindler" ?

> Oui, c'était triste…

> Ouiii vraiment triste, la pauvre !!!

> La pauvre ?

> Mon amie Esther, elle aussi a été sauvée par Schindler, et ils l'ont même pas mis dans le film, c'est honteux !

Goodbye prépuce

Tu ne t'en souviens pas, tu étais trop petit, mais un jour dans ta vie, un rabbin est venu te couper un morceau de balala*. Si si, il a fait une prière, sorti ses outils et couic ! Disparu !

Ta mère a sans doute pleuré et ton père était sûrement très fier de cette fabuleuse alliance avec les pères fondateurs du judaïsme. Pourtant, toi, **tu as perdu un être précieux** : ton prépuce. Tu avais fait connaissance seulement huit jours auparavant de ce petit bout de peau mystérieux, et la romance est déjà terminée. **Assassinat en règle** de celui que tu aimais tant. L'enterrement se déroule tout de suite après, et tu n'y es même pas convié.

Ce jour-là, tu crois que tu n'as pas souffert car tu ne te souviens de rien, et c'est sans doute mieux ainsi. Du coup, tu salues le courage de tes cousins musulmans qui le font au plus tard, jusqu'à 13 ans. Franchement, **chapeau les mecs**.

Quand tu te rends à une circoncision, ça te fait toujours mal pour le petit, comme si ta mémoire se réveillait tout d'un coup. Mais quand quelqu'un t'explique que la circoncision est un acte barbare, tu montes direct sur tes grands chevaux.

Et tu défends ton prépuce qui n'est plus là :

1. *« C'est beaucoup plus hygiénique, j'ai moins de chance d'avoir un MST figure-toi. »*

2. *« Les Américains sont tous circoncis, même les non-juifs. »*

3. *« Il paraît que les filles préfèrent au lit. »*

4. *« Et puis moi, je tiens plus longtemps, ben oui... je sens plus rien ! »*

LA CHOSE À NE PAS FAIRE :

Essayer de trouver l'endroit où ton prépuce est enterré pour te recueillir. Déjà qu'avec l'enterrement des prépuces, on passe pour des dingues, alors s'il te plaît, ne va pas sur sa tombe.

---

* « Zizi » en arabe.

Si vous voulez vous convertir

Se convertir au judaïsme, c'est un peu le chemin de croix. Le judaïsme n'est pas une religion prosélyte. Pour vous aider, voilà 10 trucs à faire – ou à ne pas faire – pour passer pour un vrai juif.

- À la synagogue, le jour de Kippour, ne demandez pas un « châle de prière ». **Demandez un « talit »**, et ne le portez pas comme un keffieh.
- Employez les mots en hébreu **au bon endroit et au bon moment**. Ne dites pas : « Roch Hachana » pour dire « bonne année », ni « Shabbat shalom » pour dire « félicitations », et encore moins « Mazel tov » pour dire « bonjour », tout ça n'a rien à voir.
- Quand vous rentrez dans une synagogue en France, ne dites pas « Shalom » à tout le monde, les fidèles vous regarderont bizarrement. **Dites « bonjour » ou « bonsoir »**, comme dans la vie. En revanche, si c'est Shabbat, vous pouvez vous faire un petit kif en disant « Shabbat shalom » *(valable aussi chez le boucher, si vous faites vos courses un vendredi matin)*.
- Quand tout le monde dit « Amen », **dites aussi « Amen »**. Ça ne mange pas de pain.
- À l'épicerie casher, ne demandez pas des **chewing-gums casher**. La caissière vous regardera du coin de l'œil en vous disant : « Ben... Les Freedent, c'est casher hein ! »
- Ne portez pas une énorme étoile de David autour du cou, **restez discret**, vous débutez.
- Lorsque vous vous adressez à une femme rabbin *(en cas de conversion libérale)*, ne dites pas « Ma sœur », **dites « Madame le rabbin »** *(on ne dit pas non plus « Madame la rabbine »)*.
- Ne dites pas « le vin de messe, c'est quand même meilleur que le vin de kiddouch ». **Même si c'est vrai.**

Quand tu as fait ta bar mitzvah

Depuis que tu as 7 ans ton oncle te pose la même question chaque fois qu'il te voit... **« Alors la bar mitzvah, c'est pour quand ? »** Et tous les mois tu lui répètes que tu as encore le temps jusqu'à ce qu'arrive l'année d'avant ta bar mitzvah.

Pour savoir si c'est bientôt ta bar mitzvah, coche les réponses qui te correspondent :

● Ton père n'en peut plus, financièrement **c'est le gouffre**, il demande à ta mère si les danseuses orientales sur les tapis volants, c'est bien nécessaire !

▲ Ton père est cool, il prend tout bien. **Il sourit à la vie**.

● Tu as l'impression que ton rabbin remet en cause sa légitimité si tu ne lis pas au moins **trois passages** dans la Torah.

▲ Ton rabbin te dit de ne pas t'inquiéter, **tu as le temps**.

● **Ta mère pleure déjà** alors que tu as juste récité une petite prière à la synagogue le samedi matin.

▲ **Ta mère ne pleure pas**.

● Ta grand-mère t'a **déjà fait un chèque**, tu as désormais un compte en banque et tu n'as jamais eu autant d'argent. Ben attends, 100 euros c'est énorme à 13 ans.

▲ Ta grand-mère t'a **quand même** fait un chèque.

● Tu as fait ta liste de **chansons pour la fête** et, bizarrement, tes parents ne sont pas du tout d'accord avec toi. Oui, il faut dire que tout l'album de Sexion d'assaut et celui de Maître Gims, ça fait beaucoup quand même.

▲ **Tu as respecté** le nombre de chansons prescrites par le DJ.

Un max de ● : Tu peux stresser, c'est bientôt ta bar mitzvah.

Un max de ▲ : Tu peux être rassuré, ta bar mitzvah, c'est pas pour tout de suite (sauf si ton père est blindé et que ta mère est ashkénaze).

LES (VRAIS) 10 COMMANDEMENTS

V

TU NE VOLERAS POINT DE TUPPERWARE CHEZ LES AUTRES. SI, SI, JE T'AI VU...

Pâque juive vs Pâques chrétiennes

Dans la chrétienté, Pâques célèbre la résurrection de Jésus, alors que dans la religion juive, Pâque (*Pessah* en hébreu) commémore l'exode des Hébreux d'Égypte et leur liberté retrouvée.

De prime abord, cela a l'air évident de ne pas les confondre, pourtant les deux acteurs principaux de ces fêtes ont un point en commun : **l'aptitude aux miracles**.

- Quand **Jésus** multiplie les pains, **Moïse** fait tomber la manne du ciel pour nourrir les Hébreux dans le désert.
- Quand **Jésus** marche sur l'eau, **Moïse** ouvre les eaux de la mer Rouge pour faire traverser son peuple.
- Quand **Jésus** transforme de l'eau en vin, **Moïse** transforme son bâton en serpent.
- Quand **Jésus** ressuscite, **Moïse**... bon, OK... Jésus 1 - Moïse 0.

Pour ne pas confondre les deux fêtes, c'est très simple. Si on vous dit Pâques chrétiennes, vous pensez immédiatement **œufs en chocolat**. C'est une jolie tradition, et tout le monde aime le chocolat. Si on vous dit « Pessah », il faut penser **pain azyme** (*matsa* en hébreu). Beaucoup moins cool. La règle veut que l'on ne consomme aucun aliment à base de farine levée durant la Pâque juive. Pendant huit jours, vous allez donc vous avaler en moyenne trois paquets de 1 kilo de matsa, sous toutes ses formes (boulette, entre autres, bien évidemment). Et vous passerez huit jours aux toilettes, parce que l'effet sur votre estomac sera dévastateur. Mais si les Hébreux ont survécu à quarante ans d'errance dans le désert, **vous survivrez bien à huit jours de régime pain azyme, non ?**

ID
MAZEL TOV !

LES TEXTOS DES MÈRES JUIVES #10

> Ça va mon fils ? Tu es triste en ce moment ?

> Non, Maman, tout va bien…

> Ne t'inquiète pas, ça va passer !

Bien choisir sa belle-famille

« Regarde la mère, épouse la fille » : nous n'avons pas trouvé l'origine exacte de ce dicton, mais nous sommes à peu près certains qu'elle sort du fin fond d'un shtetl* ou d'un mellah**. Vous devrez donc suivre ce conseil si vous voulez réussir votre mariage. Voici quelques trucs pour bien choisir sa belle-famille.

LES PHRASES QUI DOIVENT VOUS FAIRE FUIR :

- « Ma fille, elle me ressemble comme deux gouttes d'eau quand j'avais 20 ans. »

Tout dépend de l'état de la mère actuellement, mais si elle approche le quintal et te dit ça en te crachant des graines de couscous façon Guerre des étoiles, *il est encore temps de fuir !*

- « Il est riche mon fils. »

C'est sûr, si ses propres parents pensent que la seule qualité de leur fils, c'est qu'il soit riche, prenez vos jambes à votre cou !

BIEN EXAMINER LES COUTUMES DE LA BELLE-FAMILLE :

- Si la mère de votre conjoint est marocaine et fait encore « Shrookh » (de la sorcellerie) : **partez en courant**.
- Si la famille de votre conjoint est originaire d'Alsace, elle a de fortes chances d'être psychorigide, influence judéo-teutonne oblige : **partez en courant**.

---

* Shtetl : Village juif d'Europe de l'Est.
** Mellah : Quartier juif d'une ville d'Afrique du Nord.

Attention à la coutume de trop :

LA POULE
(chez les juifs tunisiens)

Oui, sur ce coup on balance nos amis juifs tunisiens. Il est vrai que les juifs ont parfois des coutumes étranges, mais il en est qui ont battu tous les records en matière d'étrangeté ! Bravo à eux.

La coutume en question : chez les juifs tunisiens, **le jour de la cérémonie du henné** (rite d'Afrique du Nord censé apporter chance et prospérité aux futurs époux), avant le mariage, la mariée doit préparer une poule et la farcir.

Elle doit ensuite l'habiller avec du tulle blanc, comme une mariée (certains vont jusqu'à la maquiller), et pour finir, la moitié de la poule doit être consommée par la famille du marié.

> Si tu désires te marier avec une Tunisienne ou un Tunisien, assure-toi bien que sa famille a enterré très profond cette coutume depuis au moins deux générations.

5 phrases à ne pas dire au rabbin avant de se marier

Dans le mariage juif, surtout consistorial, les règles sont très claires : il faut avoir la ketouba (acte de mariage des parents) pour se marier. Il suffit de répondre sans vous embrouiller aux questions du rabbin qui va vous marier, et vous n'aurez aucun problème. Il y a 5 phrases à ne pas dire :

- **« En fait mon grand-père est un mamzer, mais c'est bon j'ai la ketouba. »**

Vous avez dit le mot à ne pas prononcer : « mamzer » (enfant né d'une union illégitime). Vous aurez beau vous défendre et bien prouver votre judéité, une fois que le rabbin a entendu ce mot, c'est mort.

- **« Je compte mettre mes enfants dans une école juive. »**

Non. Pourquoi vous avancez-vous comme ça ? Sachez que le rabbin retiendra ces paroles tout au long de votre vie et saura vous le rappeler en temps voulu.

- **« Mes témoins ? Ils sont shomer shabbat. »**

Pourquoi faites-vous ça à vos amis ? Vous comptez vraiment les obliger à respecter le Shabbat à la lettre pour qu'ils signent votre ketouba ? Laissez les rabbins être vos témoins, vos amis ne vous en voudront pas.

- **« En plus, on vous invite à la soirée. »**

Ne dites pas ça au Rabbi, c'est humiliant. Bien sûr qu'il est invité, c'est lui qui vous marie ! Vous espérez qu'il vous rende la monnaie de votre pièce en vous faisant un petit chèque ou quoi ?

- **« Vous savez, ma fiancée est vierge. »**

QUOI ? Qu'est-ce qui vous a pris ? Vous venez de plomber l'ambiance dans le bureau du rabbin. On jurerait qu'il ne veut pas le savoir et qu'il s'en contrefiche. En plus, il se dit que si vous allez jusqu'à lui en parler, c'est qu'il y a certainement anguille sous roche. Sans compter que votre fiancée est à deux doigts de ne jamais devenir votre femme.

LES (VRAIS) 10 COMMANDEMENTS

VI

TU NE CONTRÔLERAS POINT LE MONDE. C'EST MON JOB, BORDEL.

La fête de mariage

LE BUFFET

N'ayez pas la mauvaise idée d'offrir à vos convives le must de toute soirée de mariage juif : un buffet casher « international » (asiatique, oriental, ashkénaze, italien...) dont le clou sera le « foie gras sur canapé de pain d'épices aux figues ». En fait, c'est une très mauvaise idée, ce clou. Ce foie gras vous aura coûté l'équivalent d'une semaine de vacances à quatre en Sardaigne et va être englouti à la vitesse d'un tsunami. Vous avez en mémoire les images de ces malheureux vietnamiens tentant d'embarquer dans les derniers hélicoptères quittant l'ambassade US à Saïgon en 1975 ? Une promenade de santé à côté de l'assaut de votre buffet « foie gras », qui sera vidé en moins de trois minutes montre en main.

LA DISPOSITION DES TABLES DANS LA SALLE

Elle reste un exercice protocolaire digne de l'Élysée. Il s'agit de ne pas vexer la moitié de la famille et des invités, qui souhaitent évidemment tous être le plus loin possible du sound system de l'orchestre de Tony Chicheportiche (pour qui le pavillon Dauphine est une annexe de Bercy, qu'il rêve un jour de remplir, même s'il a, *a priori*, plus de chances de remplir Bercy Village). Entre la chanteuse, sosie d'Afida Turner, qui s'époumone sur *Happy*, et tata Reine qui hurle « quelqu'un peut lui dire de la boucler, on s'entend plus parler ! », il sera difficile de contenter tout le monde. Évitez quand même de placer les invités qui comptent à la table proche des toilettes.

LE PLACEMENT DES INVITÉS À TABLE

Plus d'un s'y est cassé les dents. L'exercice de style le plus redoutable étant la fameuse « table des célibataires », regroupant tous ceux qui n'ont pas réussi à se caser entre 35 et 40 ans et les divorcé(e)s. Autrement dit, dans un mariage juif : les « casos ». Dans l'idéal, essayez d'équilibrer entre filles et garçons, pour éviter que Richard Edelstein soit le seul Ashkénaze au milieu de six charmantes séfarades. Sinon, c'est le carnage assuré.

Bien organiser un mariage mixte

Ça y est, vous avez enfin réussi à faire accepter à vos parents que l'amour de votre vie n'était pas juif *(bon, votre père a eu un triple infarctus entre-temps et votre mère est sous coma artificiel depuis, mais on ne va pas chipoter pour si peu...)*. Il est maintenant temps pour vous d'organiser le mariage de vos rêves.

Oubliez la synagogue, de toute façon, la marche nuptiale de Wagner qu'aurait choisie votre conjoint serait restée en travers de la gorge de vos grands-parents nés en Pologne. Ce sera donc le passage à la mairie puis une fête dans la joie et l'entente cordiale. Sauf qu'il va falloir composer avec des familles qui ont autant en commun que Mahmoud Abbas et Benyamin Netanyahou.

Quelques trucs à éviter pour que la soirée ne soit pas gâchée :

- Si vous êtes séfarade et que votre beau-père, chrétien, ancien d'Algérie, vous dit « les youyous quand vous êtes entrés dans la salle, **ça m'a rappelé le djebel en 1961**, quand on coursait ces salopards de fellagas ! », ne répondez rien, la nostalgie va parfois se nicher très très loin.
- Si votre tata Judith vient vous demander « **c'était vraiment obligé**, pour le buffet, le sanglier rôti à la broche ? », ne lui répondez pas : « Je sais, c'est pas casher, mais Hubert et moi on rêvait depuis tout petits de se faire un méga-trip Obélix. »
- Si votre copine Sonia Bellaïche est **enfermée depuis dix minutes** dans les toilettes avec l'associé pakistanais du cousin de Hubert, n'appelez pas votre pote Marco qui travaille au SPCJ (Service de Protection de la Communauté Juive) pour lui hurler au téléphone qu'un taliban est en train de violer votre meilleure amie. Ces couinements qui vous vrillent les oreilles, ce n'est pas Donna Summer chantant *I Feel Love* joué par le DJ, mais Sonia qui prend son pied dans les toilettes.

Les chansons d'un mariage

Le jour de votre mariage, vous allez devoir faire un choix, celui des chansons !

Petit guide pour éviter la soirée trop musicalement chargée.

LES INCONTOURNABLES
- *Alabina*
- Tout Enrico Macias
- *Tel Aviv, Y'a Habibi Tel-Aviv*
- *I Will Survive*
- *Alexandrie Alexandra*

POUR LES GRANDS-PARENTS
- *Viens à Juan-les-Pins*
- *Yiddish Mama* (pour le slow)
- Tout Raoul Journo
- Tout Blond-Blond

CELLE QUE TU VAS ÉVITER
- *Chaud Cacao**

CELLE QUE TU AS HONTE DE CONNAÎTRE (MAIS QUE TU METS QUAND MÊME)
- *Hafinali* (Subliminal)

---

* On aime beaucoup Annie Cordy, mais depuis peu, ça nous rappelle trop une chanson antisémite et négationniste.

LES TEXTOS DES MÈRES JUIVES #11

> Chéri, tu m'emmènes à la boucherie ?

> Non, Maman, je suis au travail là !

> Maman ?

> Maman, ça va ? Pourquoi tu ne réponds plus ?

> Allô ???

> Je m'inquiète vraiment là !

> Tu vois, si j'étais morte, t'aurais regretté de ne pas m'avoir emmenée !

V

ILS SONT PARTOUT !

La journée type #1

Version théorie du complot :

8h00

Petit-déjeuner royal, puis passer un coup de fil à Barack Obama sur sa ligne perso, caler un déj avec lui.

9h00

Rendez-vous à la Nasa pour relancer le projet Lune et y installer le drapeau d'Israël. En profiter pour passer sur la tombe de Neil Armstrong et faire une prière pour ce vieux pote.

12h00

Déjeuner avec le patron de CNN (il faut absolument qu'ils fassent un reportage sur la minorité juive en Papouasie Nouvelle-Guinée).

14h00

Rendez-vous avec Nintendo pour un « jeu vidéo biopic » sur Moïse.

16h00

Table ronde avec les 14 millions de juifs via Skype pour décider de l'avenir des pays arabes.

18h00

Envoyer un SMS à Dieu, réchauffement climatique oblige : « On commence à suer ici. Merci d'envoyer un peu de fraîcheur. »

20h00

Dîner avec Spielberg et faire pression pour que dans les suites de *Jurassic Park*, le dino soit circoncis.

22h00

Aller se coucher, c'est fatigant de contrôler le monde.

La journée type #2

... et la réalité :

8h00
Petit-déjeuner avec le boulou* de Maman trempé dans le café.

9h00
Avant d'aller au travail, appeler Maman pour savoir si elle veut aller à la boucherie aujourd'hui.

12h00
Déjeuner avec Maman, il faut finir les restes du couscous de Shabbat.

14h00
Déposer Maman à la boucherie.

16h00
Aller à la boucherie récupérer Maman et la raccompagner chez elle.

18h00
Envoyer un SMS à Maman pour lui dire d'arrêter de harceler notre épouse.

20h00
Appeler Maman car elle ne sait pas lire les SMS.

22h00
Aller se coucher, c'est fatigant d'avoir une mère juive.

---

* Gâteau tunisien.

LES (VRAIS) 10 COMMANDEMENTS

VII

TU NE FERAS POINT DE PUB SUR FACEBOOK À L'HUMORISTE QUI A PRIS MON NOM COMME PRÉFIXE DU SIEN. MÊME SI C'EST POUR LE TRAITER DE FACHO.

Y a-t-il des juifs pauvres ?

Non, nous sommes désolés de ne pas démolir ce cliché, mais tous les juifs sont bel et bien riches.

Ils sont même milliardaires. Oui, tous les juifs sont **milliardaires**.

Le seuil de pauvreté se situe à une fortune personnelle de 4 milliards d'euros. En dessous, c'est la crise. **Mark Zuckerberg** fut autrefois juste en dessous du seuil de pauvreté, mais il s'est bien rattrapé depuis. De toute façon, on l'aurait tous aidé à remonter la pente, nous sommes très solidaires.

Nous avons tout l'argent du monde entier et même au-delà.

L'animateur **Arthur** est le plus riche de tous les juifs, donc le plus riche du monde.

D'ailleurs les impôts de tous les pays du monde sont reversés par les États au seul peuple juif.

100 % des richesses du monde se trouvent dans nos poches.

Chacun de nos salaires mensuels équivaut au **PIB de l'Autriche**.

Sous le mur des Lamentations se trouve la grotte de **Picsou** (lui-même juif), c'est là que nous entreposons tout l'or du monde. *(Chuuut !)*

En 2014 nous avons racheté **Bill Gates**. Il travaille désormais pour nous.

Nous sommes propriétaires fonciers de six galaxies jusqu'aux confins de l'univers, nous percevons donc les loyers de 18 races d'aliens différentes.

Nous avons été payés 6 milliards d'euros pour écrire ce livre, et on a fait un prix !

(Bon, on ne va pas se mentir, cette page est un énorme mensonge et si tu y crois quand même, c'est vraiment que tu traînes trop sur YouTube. Ce cliché très violent pour les juifs en général l'est encore plus pour les juifs pauvres, qui sont proportionnellement aussi nombreux que le reste de la population en France, on ne le dira jamais assez !)

Les phrases insupportables

Voici une petite sélection des phrases que tu ne supportes plus d'entendre de la part des non-juifs :

- **Tu parles le juif ?**
- Ton père, il a les guirlandes sur les oreilles ?
- **Je sais que Jésus était juif, mais pourquoi vous l'avez tué ?**
- Vas-y, fais pas ton juif !
- **T'as la double nationalité juif-israélien ?**
- Quand tu pries, t'enlèves tes chaussures ?
- **Mais non, tu bois pas d'alcool, j'suis bête...**
- Si tu vois Hitler tu fais quoi ?
- **T'es pour ou contre Israël ?**
- Qu'est-ce que tu as contre les Palestiniens ?
- **Ça fait quoi si tu manges du porc ? Tu vas en enfer ?**
- Tu y vas, toi, au dîner du Crif ?
- **C'est facile pour toi, si tu veux réussir.**
- La quenelle est un geste antisystème.

Le Monopoly

Pourquoi faut-il presque toujours refuser de jouer au Monopoly avec des amis non-juifs quand on est juif ?

- Parce que quand tu joues au Monopoly, on te refile direct **la banque**.
- Parce que chaque fois que tu gagnes, tu veux éviter la remarque : **« C'est normal que t'aies gagné, hein ?! »**
- Parce que quand tu passes par la case « prison », un de tes potes ne peut pas s'empêcher de te sortir : « T'as fait une arnaque au CO_2 ? De toute façon, **t'as bien un avocat dans tes relations qui va te sortir de là !** »
- Parce que quand tu veux acheter la rue de la Paix, tu aimerais aussi éviter les « Ça te suffit pas ? Vous êtes **pas assez blindés comme ça ?** »
- Parce que quand tu veux acheter la rue de Belleville, ça ne rate pas : « T'as trop le seum depuis que les noichs vous ont niqué votre race **dans le Sentier**, hein ? »
- Parce que quand tu tires une carte « Caisse de communauté », on te sort immédiatement « Elle est toujours bien remplie, **chez vous**, hein ! »
- Parce que quand tu t'arrêtes sur la case « Parc gratuit », inévitablement, tu as droit à : « **Un sou est un sou**, pas vrai ? »

LES TEXTOS DES MÈRES JUIVES #12

Gérer la blague antisémite

Il y a des blagues drôles sur les juifs, sur Israël, et même sur la Shoah*. Mais il y en a vraiment quelques-unes qui véhiculent de purs discours antisémites. Alors, quand vous vous retrouvez face à quelqu'un qui sort une blague antisémite, il faut pouvoir prendre sur soi. Ou pas. Il existe au moins cinq façons de gérer la vanne antisémite :

LA FAUX-CUL
Façon « j'ose pas te dire que tu es antisémite » : « Ouais elle est bonne, mais je la connaissais déjà. »

LA NIAISE
Façon idiot du shtetl/mellah : « Nan mais j'ai pas compris pourquoi dans ton histoire de curé, d'imam et de rabbin, le rabbin il est trop radin. »

LA PHILOSOPHIQUE
Façon BHL : « Si tu trouves ça drôle, c'est ton problème. Moi je rirai de ça avec toi le jour où tu voudras bien rire des musulmans qui se font massacrer au Soudan. »

L'HYSTÉRIQUE
Façon Finkielkraut : « C'est un scandale, cette blague véhicule de vrais clichés antisémites, et moi mes grands-parents ont été déportés, tu ne te rends pas compte... »

LA DIRECTE
Façon LDJ : Tu ne discutes pas, tu tapes. Tu te dis que si le mec ne se souviendra pas de ta tête « pas contente », au moins son nez aura un bon souvenir de ton coup de boule. Mais bon, évite parce qu'on va pas se mentir, physiquement on fait pas le poids.

---

* Voir page 149.

Les mots qui fâchent

Ananas

Four   Gaz

Hamas

Charles Enderlin

Quenelle

Crochu

IsraHeil   Pétain

You et Pain

Égalité et Réconciliation

Apartheid

Prépuce

Complot

Le juif antisémite, ça existe

Il existe trois types de juifs antisémites.

Le premier ne le sait pas. Il voit des antisémites partout, mais surtout chez les Arabes et les « gauchistes ».

Remplaçons le mot « arabe » par « juif » dans son discours, et l'on comprend tout de suite que l'Histoire ne lui a pas servi de leçon. Ce qu'il déteste encore plus que les Arabes ? Les « juifs honteux » *(comprenez « de gauche »)*, des « bobos » tout juste bons à dérouler le tapis volant aux Arabes *(qu'il « connaît par cœur », même si les seuls qu'il a fréquentés de près lui servaient la kemia au Club Med de Marrakech)*. S'il rêve de quitter un jour la France pour Israël, c'est aussi parce que, là-bas, « les Arabes, on sait comment s'en occuper ! » Ce qu'on ne lui a pas dit, c'est qu'il y a beaucoup plus d'Arabes en Israël qu'en France. Ils sont vraiment partout !

Le second sait qu'il est antisémite, mais il a trouvé un truc pour ne pas le dire : il est « antisioniste ».

Et ce n'est pas pour pécho des militantes en keffieh. Son obsession : être le « juif de service », celui brandi comme un étendard sur le mode « vous voyez bien qu'on n'est pas antisémites, la preuve, monsieur X, ici présent, est des nôtres ! » *(traduire : « surtout des vôtres »)*. Le problème, c'est qu'en général monsieur X a passé vingt ans en analyse pour résoudre son indigestion de boulettes traumatique. Sa thérapie a échoué, et il ne peut se résoudre à vivre sereinement sa condition de juif. De la boulette, il est passé à la quenelle. Mais ça reste toujours aussi lourd à digérer.

Le troisième est le plus répandu. Il s'agit de l'Ashkénaze qui méprise les Séfarades.

Et inversement.

LES TEXTOS DES MÈRES JUIVES #13

> J'ai une idée pour le prénom de ton fils : Mordehai.

> Comme mon père.

> Non maman on va l'appeler Ilan.

> Ouiii c'est bien comme deuxième prénom !

VI

QU'EST-CE QUE TU FAIS POUR LES VACANCES ?

Prendre l'avion pour Israël

Prendre l'avion pour Israël peut s'avérer être un parcours du combattant, entre les passagers *blatta* (sans gêne), les religieux, les stewards et hôtesses dépassés, le contrôle à l'aéroport... C'est tout un programme.

5h00
Tu te réveilles sous la douce voix de ta mère qui hurle qu'« on va être en retard à l'aéroport ! » Oui, il est très tôt et ton père jure que c'est la dernière fois qu'il prend une compagnie low-cost pour Israël *(il avait dit ça la dernière fois aussi)*. Branle-bas de combat dans la maison, ambiance *Maman j'ai raté l'avion*, sauf que ta mère va vérifier cent fois si tu es bien là. Elle ne risque pas de t'oublier.

7h00
À l'aéroport, ta mère hurle sur ton petit frère qui n'arrête pas de jouer avec les bandeaux de sécurité de la file d'attente, pendant que ton père essaie de prendre des places pour que la famille soit ensemble dans l'avion. Au final, il se retrouvera tout seul sur un strapontin à côté d'un bébé qui pleure.

8h00
Décollage : tu ne sais pas pourquoi, tu fais la prière alors que tu ne l'as jamais faite pour aller vers d'autres destinations. Pourtant, là, tu te sens à l'aise, la main sur tes yeux, tu pries. Ta mère n'en peut plus, ton frère s'attaque désormais aux sièges de l'avion avec ses nouvelles dents. Les stewards et les hôtesses font ce qu'ils peuvent, mais ils n'arrivent pas à faire s'asseoir les religieux qui prétextent une prière en plein couloir pour ne pas s'asseoir à côté d'une femme qui n'est pas la leur.

11h00

Turbulences dans l'avion, le mec de derrière qui a collé ses pieds à côté de ta tête les enlève enfin. La grosse dame devant toi pleure et crie « je ne veux pas mourir ! » Même si tu n'es pas « rassuré rassuré », tu sais qu'elle exagère et qu'il ne faut pas t'en faire.

Il y a toujours quelqu'un de sympa pour dire que de toute façon, les avions vers Israël sont pourvus de leurres antimissiles et qu'il n'y a aucun risque, et un autre pour le contredire. Dans les deux cas, ce n'est pas très rassurant.

13h00

Atterrissage : Tu ne sais pas pourquoi le peuple juif est le seul à applaudir encore à l'atterrissage. Tout le monde a arrêté depuis le sketch de Gad Elmaleh, mais nous, on continue. Petit bonus : parfois, les femmes font même les youyous. L'avion ne s'est pas encore arrêté que tout le monde se jette sur les coffres à bagages comme s'ils allaient sortir plus vite. Ton père est au bord de la crise de nerfs. Ton petit frère bave de rage, ta mère pleure, et toi tu te dis que tes vacances commencent comme ça...

13h30

... mais c'est pas fini ! Tu passes le contrôle aux frontières, tu ne sais pas pourquoi mais tu flippes d'y rester. Tu penses aux Arabes et aux juifs qui ont un nom genre Bouaziz ou Benoualid. « Les pauvres, ils vont être plus contrôlés que les autres, c'est sûr ! » Eh ben pas du tout, c'est toi avec ton Cohen ou ton Levy qu'ils font le plus chier. Tu te demandes pourquoi ils s'acharnent sur toi alors qu'ils viennent de laisser passer tranquille un Palestinien avec un keffieh autour du cou. Putain de démocratie de merde[*].

---

[*] Pardon pour la vulgarité, c'est dû à la fatigue du voyage.

Pourquoi ne pas dire qu'on part en vacances en Israël ?

Quand certaines de tes connaissances te demandent où tu pars en vacances, il t'arrive souvent de dire : « À l'étranger. » Pourquoi ? Ce n'est pas parce que tu as honte, c'est juste que tu veux éviter les remarques du genre :

« Ah ouais, tu n'as pas peur avec tout ce qu'il s'y passe. »

↳ « Euhhh... Oui j'ai peur avec tout ce qui se passe ici. »

« Ouah ! tu es courageux... »

↳ « Je ne vois pas ce qu'il y a de courageux, j'ai pas dit que je partais faire la guerre. »

« Ah tu vas te ressourcer, faire le plein de spiritualité. »

↳ « Ben moi je comptais bronzer, mais bon... Visiblement, pour toi, Israël est un pays rempli de mecs en chapeaux noirs et papillotes. OK ! »

« Tu as raison, il y a trop d'Arabes ici. Oufff. »

↳ Bon, outre le fait que si tu as un ami comme ça, ça craint, c'est surtout que si tu ne veux pas voir d'Arabes, ce n'est pas en Israël qu'il faut se pointer. Ils sont proportionnellement plus nombreux qu'en France.

« **Ah tu rentres chez toi !** »

↳ « Chez moi, c'est la France, mais si tu me vois comme un immigré israélien, OK. »

« **Génial. T'es pédé ?** »

↳ « Euh, c'est pas parce que je vais tout seul en vacances à Tel-Aviv que je suis gay. »

« **Ouah super, mais tu ne vas pas pouvoir boire d'alcool pendant un moment.** »

↳ « Attends, non, tu te trompes de religion je crois. Moi je suis juif et en plus, dans tous les pays arabes, tu peux trouver de l'alcool. »

« **Tu vas aller faire un tour dans les colonies ?** »

↳ « Tu me prends pour Tintin au Congo ? Tu me vois vraiment avec un casque colonial, sirotant un daïquiri pendant qu'un Palestinien s'occupe à me ventiler avec une feuille de bananier ? »

BILAN

Donc voilà pourquoi on ne dit pas qu'on va en Israël.

On préfère dire qu'on va en Belgique.

Pourquoi la Belgique ?

Parce que personne ne se pose de questions sur la Belgique.

Tout le monde s'en cogne de la Belgique.

LES TEXTOS DES MÈRES JUIVES #14

> Maman, vous êtes arrivés à Tel-Aviv ?

> On vient d'atterrir, mais ton père me rend dingue depuis qu'il est ici, il ne veut plus me parler en français !

> Mais il parle hébreu Papa ?

> Non, même pas.

La drague à l'israélienne

Être une fille, c'est plutôt cool en Israël, surtout quand on se fait aborder de manière si... délicate !

Ça fait à peine quinze minutes que tu bronzes sur ta serviette que le mec aux cheveux longs et très bronzé façon « Carambar » qui jouait au frisbee sur la plage vient te taper la discute. S'il te demande si tu es française, ça ne ratera pas, il te dira direct tout ce qu'il sait en français, et ça se résume souvent à : *« Coumon ça fa, tou feu coucher avec moi ? »* Comme c'est bizarre !

Et pourtant, ça marche ! Bécasse que tu es : tu rigoles.

La glace est rompue, il décide de te serrer la main, même si on sait qu'il aimerait bien serrer autre chose.

Il t'invite à faire une partie de matkot (raquette de plage, très à la mode sur les côtes israéliennes). Tu acceptes, en précisant pourtant que tu es très mauvaise à ce jeu. Lui, il s'en fout. Ce qu'il voit surtout, c'est que tu es vraiment très bonne ailleurs et particulièrement quand tu ramasses la balle qu'il a malencontreusement envoyée juste derrière toi.

La partie se termine, tu ne comprends rien à ce jeu, mais visiblement tu as perdu, ce qui permet à notre Carambar de te serrer dans les bras pour te consoler. En dix minutes, tu n'as rien compris, il est déjà en train de te faire des bisous.

Et pourtant, ça marche ! Bécasse que tu es : tu rigoles.

Le soir, tu demandes à une copine de t'accompagner à la soirée de ce fameux Israélien, organisée dans son appartement en banlieue de Tel-Aviv. Tu sonnes enfin chez Carambar. Lui, il t'accueille à bras ouverts. En plus, tu as apporté un « cadeau » pour ses copains, ta copine se sent visée !

Et pourtant, ça marche ! Bécasse qu'elle est : elle rigole.

Tu manges, tu fumes, tu danses, tu bois et puis... Le lendemain, tu te réveilles dans son lit... avec ta meilleure amie.

Mais là, ça ne marche plus ! Toute bécasse que tu es : tu ne rigoles plus du tout.

Le mur des Lamentations

Voici quelques mots à ne surtout pas glisser dans le mur des Lamentations :

Merci Achem de m'avoir fait vivre jusqu'à maintenant, mais pourquoi ce voleur de Maurice Zerbib est-il encore vivant ?

Je souhaite le bonheur pour ma famille, qu'ils vivent longtemps avec plein d'amour et de joie… et que mon fils arrête d'être homo.

Je veux devenir une star de cinéma, je veux épouser Angelina Jolie, je veux être Brad Pitt, mais je veux rester juif.

Je veux offrir un violon à mon fils pour Hanouka. Non, je déconne ! Je veux une Porsche, s'teup.

Merci Achem d'avoir fait réussir toute ma famille, mais tu m'as oublié ou quoi ?

Vend 4 pièces à Saint-Mandé, étage élevé, belles prestations. Me contacter à l'hôtel Hilton de Tel-Aviv jusqu'au 18 août, monsieur Boutboul.

Pour ma fille, Shoshana Ouaknine, 39 ans, 1m72, 83 kilos, bien proportionnée, cherche jeune dentiste ou pharmacien de bonne famille. Pas d'ashkénaze. Me contacter en messagerie privée via les tablettes de la loi.

Quelle ville es-tu en Israël ?

En Israël tu as fait beaucoup de villes, mais il y en a une où tu t'es senti(e) particulièrement à l'aise. Voici un petit test pour savoir quelle ville te convient le mieux :

Sur place, face aux locaux, tu parles :

☐ Uniquement français, rien à foutre s'ils ne comprennent pas.

▲ Anglais, made in USA.

■ Français et des mots en hébreu, mais surtout anglais.

○ Arabe. Eh oui, c'est la langue officielle d'Israël, au même titre que l'hébreu.

✱ Hébreu couramment, tu épates tous tes potes français.

Ce que tu aimes le plus en Israël, c'est :

■ T'amuser, faire la fête, la fête, la fête... et après... vomir.

✱ Prier. Le mur des Lamentations te fait pleurer.

☐ Voir ta famille et manger.

▲ Les longs pèlerinages.

○ Sortir le vendredi soir avec tes amis.

L'accessoire qu'il te faut rapporter en France absolument :

☐ Une pierre d'Eilat, « parce que c'est trop darka, t'as vu ! »

✱ Un fil rouge du mur des Lamentations. « C'est combien de vœux déjà ? »

○ Une main de Fatma. Tu en as 100 chez toi, mais « c'est pas grave ça fera 101 ».

▲ Des rameaux d'olivier et l'eau bénite du Jourdain. En mode « j'ai vu Jésus ».

■ Des préservatifs avec le drapeau d'Israël. Pour montrer à tes futures conquêtes que tu es bien coupé là où il faut.

La phrase que tu prononces le plus sur place :
○ « Ma Sha Allah, j'ai passé le contrôle ! »
□ « Quand est-ce qu'on mange ? »
✱ « Sur la Torah, j'ai hâte de voir le Kotel. »
▲ « Ameeeeeeeeeen » un peu chanté.
■ « On va en boîte au Clara ou au Galina ? »

Un max de ■ : Tel-Aviv. C'est ta ville, symbole de l'ouverture d'Israël au monde. Tu adores son côté Bauhaus moyen-oriental. Tu danses, chantes, bois, parfois même un peu trop. Tu passes des soirées à discuter politique et environnement avec des rastas israéliens.

Un max de □ : Netanya. Tu passes ta vie à traîner avec tes potes sur le « kikar », à manger des bonbons casher et à te faire gueuler dessus par tes parents si tu es un adolescent. Tu t'en fous, tu parles français tout le temps, après tout, ici c'est comme à Paris !

Un max de ✱ : Jérusalem (ou « Jéru »). La religion, la fusion avec la Terre promise, c'est ton truc. Le Saint des Saints s'y trouve et, sur place, tu te sens tout simplement bien. En communion avec ton judaïsme et avec tes ancêtres, tu pries. La vue du mur des Lamentations te fait verser des larmes. Cette ville, c'est ton histoire !

Un max de ○ : La vieille ville de **Jaffa.** Tu es Arabe d'origine palestinienne et tu as de la famille en Israël. À Jaffa, tu es chez toi. Tu profites du calme du vendredi soir pour sortir avec tes amis et te promener sur les remparts de la vieille ville.

Un max de ▲ : Nazareth. Tu es en pèlerinage en Terre sainte, tout ce que tu vois t'émerveille ! Dieu est partout, Dieu est amour, Nazareth c'est ta ville (mais aussi celle du petit Jésus).

LES (VRAIS) 10 COMMANDEMENTS

VIII

JE SUIS L'ÉTERNEL TON DIEU, JE N'AI PAS CRÉÉ BHL POUR QUE TU L'AIMES PLUS QUE MOI.

Deauville

Communément appelée le « 21ᵉ arrondissement de Paris », la station balnéaire normande fut d'abord une base de loisirs **ashkénaze**, ces derniers retrouvant dans les températures chaleureuses de la Basse-Normandie le souvenir de celles d'Europe de l'Est, **la pluie en sus**. Nonobstant ce léger détail climatique et réchauffement de la planète oblige, les **Séfarades** vinrent rapidement les rejoindre sur les célèbres planches, métamorphosant le **« chabadababa »** lellouchien en **« yalayalayala »** alabinesque.

Deauville est la seule ville de la région où l'on peut à la fois se régaler d'une escalope normande baignant dans sa crème (pas casher) et d'un hamburger (casher) servi par un restaurateur loubavitch, qui tentera bien sûr au passage de vous recruter pour l'office du Shabbat samedi matin (oui, **il y a une synagogue** à Deauville). Il vous sera difficile de lui répondre que vous n'êtes pas juif (sinon qu'iriez-vous faire dans son boui-boui ?) ou bien que vu l'état dans lequel vous allez rentrer des **Planches** – la célèbre boîte locale – samedi à l'aube, il ne faudra pas compter sur vous. Tant pis pour l'office du samedi matin, mais vous vous rattraperez en allant faire un tour à la **Maison de la Presse** locale, la seule librairie en France qui compte autant d'ouvrages figurant les mots « juif » ou « Israël » en couverture qu'au rayon « judaïsme » de la Bibliothèque nationale.

D'ici quelques années, Deauville devrait connaître la même évolution que les quartiers de Belleville et du Sentier. Dès les beaux jours, nombre de familles asiatiques batifolent désormais sur la plage, sous les regards distants de vieux juifs tunisiens jouant à la **belote** (les Ashkénazes préfèrent le **rami**...), jurant en judéo-arabe quand un gamin leur balance un ballon de foot sur la tête. Le mandarin est en passe de remplacer le yiddish sous les tentes multicolores de la plage, et le carnaval des doudounes Moncler sur les planches fera bientôt place à celui du Nouvel An chinois. Mais le grand gagnant de l'histoire restera toujours le **casino**.

Les jeux sont faits, rien ne va plus.

LES TEXTOS DES MÈRES JUIVES #15

> Maman, ne fais pas de viande ce soir pour Shabbat !

> Pourquoi, tu veux manger un yaourt en dessert ?

> Non, je suis végétarien !

> Mon fils, j'aurais préféré que tu sois gay !

Juan-les-Pins

Sur la French Riviera, « la Côte » (comme disent les grands-parents séfarades), les juifs d'Afrique du Nord se sentent **chez eux** à Juan-les-Pins. Ils se sentent tellement chez eux que les antisémites azuréens de tous bords se sont rapidement empressés de rebaptiser l'endroit « Juan Youpin ». Oui, dans le Sud, on ne fait pas dans l'antisémitisme demi-mesure. Mais qu'importe, un doux parfum de Goulette, d'accent oranais et une pointe du mellah de Casa se dégage du sable chaud de la toute petite station balnéaire. Avec ses minuscules plages de sable blanc et sa **pinède**, elle attire chaque année des milliers de juifs, pour la plupart parisiens.

Dès le début des vacances, les échoppes de fringues venues du Sentier se transforment miraculeusement en **bars à bagels** casher. Ici, on recycle. Même les vendeurs ambulants de boissons se mettent à vendre des beignets et du boulou. Pendant que les enfants sautent du ponton en béton dans l'eau huileuse de la baie, les parents, maillot Vilebrequin et chaînes en or, bronzent ou s'occupent des nourrissons. Dans le ciel, un avion traînant une **banderole** annonce l'allumage des bougies de Shabbat sous la bannière « Le Beit Habbad (association religieuse) vous souhaite Shabbat Shalom ». Une promo à faire rougir de honte un Ashkénaze qui n'aurait de toute façon pas l'idée de venir se confronter au soleil brûlant de la Riviera. Entassés sur le sable de la plage publique, les plus âgés, ceux qui sont nés de l'autre côté de la mer, sourient au passage de la banderole. Ils ont installé tables de jeu, parasols, et tapent le carton en hurlant et en jurant sur les yeux de tata Fortunée.

À Juan, il ne faut pas avoir peur du **bruit**.

Les groupes de jeunes d'origine maghrébine de la région, venus partager la plage juanaise, s'étonnent de l'arabe parfait des grands-parents juifs, une langue qu'ils ont eux-mêmes du mal à parler. Ici, c'est **Jérusalem-sur-Mer**, les tensions en moins. Parfois, on se dit que les quelques Français « de souche » qui passent doivent regarder le spectacle, affligés. Le soir, à côté du circuit de karting, les jeunes de 14-15 ans se regroupent en bandes de petits shalalas, fringués de la tête aux pieds. C'est le lieu de drague, là où se font et se défont les premières amourettes.

S'installer en Israël

La France est leader dans le secteur du luxe à l'international, mais aussi, depuis 2014, le premier pays exportateur de juifs au monde. L'alya (« montée », en hébreu) des juifs de France vers Israël risque fort d'augmenter ces prochaines années.

Quelques trucs bons à savoir si vous faites votre alya :

- **Ne vous inquiétez pas si**, malgré vos efforts pour apprendre la langue, au bout de trois ans, on vous répond encore en français quand vous demandez le prix d'un falafel en hébreu. C'est normal, dites-vous que l'accent « frenchy » de Maurice Chevalier en anglais avait du charme. Le vôtre en hébreu, c'est pareil.
- **Ne vous inquiétez pas si** vous vous baignez sur une plage réservée aux gays qui fait face à celle réservée aux religieux. C'est normal, vous habitez maintenant à Tel-Aviv.
- **Ne vous inquiétez pas si** vous vous promenez par 38 °C à l'ombre à côté de juifs orthodoxes habillés comme en Pologne au XVIIIe siècle par -5 °C. C'est normal, vous habitez maintenant à Jérusalem.
- **Ne vous inquiétez pas si** on vous regarde légèrement de travers. C'est normal, vous habitez maintenant à Hébron, ville palestinienne de Cisjordanie où résident 20 000 Palestiniens et... 700 juifs (tendance extrémistes).

Et pourquoi pas ?

Les questions que tu te poses quand tu pars dans une destination pas du tout juive :

- Il y a des juifs au Pérou ?
- **Ils sont antisémites les Japonais ?**
- Tu crois qu'ils ont persécuté des juifs en Australie ?
- **Il est à combien le prix de l'immobilier à Mumbai ?**
- On peut monter une affaire ici ?
- **Tu sais faire du surf si on va à Biarritz ?**
- Il y a des restos casher à Pékin ?
- **On fait Shabbat ou on laisse tomber ?**
- Tu crois que les maillots Vilebrequin sont moins chers au Laos ?
- **Il y a des touristes israéliens ici ?**
- Il y a un Habad ici ?
- **Tu crois qu'ils savent ce que c'est qu'un juif ?**
- 100 baths ça fait combien de shekels ?
- **Je suis sûr qu'il y a une syna sympa en Tanzanie.**
- T'es sûr qu'on passe par Dubaï avec nos tampons israéliens sur le passeport ?
- **Je prends mes tefillins aux Deux-Alpes ?**

VII

LES
ÉTOILES
JUIVES

Quand un people juif passe à la télé

C'est toujours la même chose quand une personnalité passe à la télé, pour votre mère elle est **forcément juive**. Même les Africains et les Asiatiques y passent. Mais de toute façon, comme disait Pierre Desproges, **« tout le monde sont juifs »**.

Deux catégories s'imposent pourtant sur le petit écran : le people dont la judéité ne fait **aucun doute**, et celui dont on découvre **avec stupéfaction** qu'il est juif.

Dans la première, les commentaires de votre entourage iront de « il a de bonnes joues, grâce à Dieu, depuis qu'il est sur D8, tu trouves pas ? » face à **Cyril Hanouna** sur le plateau de « Touche pas à mon poste », à « mais je comprends pas pourquoi il soutient pas plus Israël » en regardant **Jean-Jacques Goldman** chanter à la soirée des Enfoirés. Passons sur les « elle est avec qui, elle, maintenant, j'arrive plus à suivre... ? » lorsque **Marie Drucker** présente son journal sur France 2 ou encore « Je comprends pas pourquoi **Ruth Elkrief** présente les infos sur BFM TV, ils sont tellement contre Israël ! Elle devrait démissionner de cette chaîne d'antisémites et aller sur i24News ». Sans parler de l'émission d'**Arthur** « Les Enfants de la télé », à côté de laquelle le dîner du Crif ressemble à un goûter d'anniversaire, et qui déchaîne des soupirs d'aise de votre mère lorsqu'elle voit réunis sur le même plateau Arthur, **Elie Semoun**, **Ary Abbitan**, **Gad Elmaleh** et **Jamel Debbouze**. Pour elle, que la famille de Jamel soit d'origine marocaine et que son fils se prénomme Léon – comme Blum et Trotsky – suffit amplement à l'introniser juif.

Dans la seconde catégorie, votre mère a eu l'impression d'avoir gagné des millions lorsqu'elle a appris que **Jean-Pierre Foucault** était juif, elle a pris la grosse tête quand elle a appris que **Philippe Bouvard** était juif, et s'est mise à lire Proust quand elle a appris que **Dave** était juif. Quant à votre père, il ne jure plus que par **Hervé Mariton** depuis qu'il a appris que sa mère était une Benkemoune. « Celui-là, crois-moi, il fera un grand président ! »

Quand un film culte passe à la télé

Quand *Les aventures de Rabbi Jacob* passe à la télé :

Vous n'y échappez pas, le lendemain, la moitié de vos collègues vous sortent la réplique du film avec votre prénom. « Jonathan, vous êtes juif ? », « David, vous êtes juif ? », « Déborah, vous êtes juive ? » Vous souriez, mais le rire, vraiment, ne vient pas.

Quand *La Vérité si je mens* (1, 2, 3...) passe à la télé :

Entre les « Champions du moooonde ! Jonathan ! » et autres « Nikoumouk, hein David, nikoumouk ! », vous avez juste envie de dire à vos collègues de bureau que tous les Séfarades ne sont pas comme Patrick Abitbol. Tenez, par exemple, Albert Cohen, l'auteur de *Belle du Seigneur*. Vous l'avez déjà entendu faire « Champions du mooooonde ! » ? Le problème, c'est que la plupart de vos collègues pensent que *Belle du Seigneur* sera sûrement dans le tiercé gagnant du Prix de Diane.

VOS FILMS PRÉFÉRÉS

Si vous êtes ashkénaze : *Shoah*, *La Liste de Schindler*, *Le Pianiste*, *Nuit et Brouillard*, *Le Choix de Sophie*, *Portier de nuit*.

Euh, c'est tout ?

« AHHHH non, *La vie est belle* de Benigni aussi, mais ça m'a un peu dérangé quand les gens riaient dans la salle. »

Si vous êtes sépharade : *La Vérité si je mens 1*, *La Vérité si je mens 2*, *La Vérité si je mens 3*.

Euh c'est tout ?

« AHHHH non, *Va, vis et reviens**, avec le p'tit noir, ça m'a marqué. »

---

* Le vrai titre est évidemment *Va, vis et deviens*, mais les seph' se plantent toujours dans les titres.

LES TEXTOS DES MÈRES JUIVES #16

> Maman j'ai rencontré un garçon !

> Mazel tov ma fille ! Comment il s'appelle ?

> Abdul…

> Maman c'est un poisson d'avril !

> T'es là ?

> C'est papa, t'es grave de faire ça à ta mère, elle était à deux doigts de se défenestrer !

Quand vous écoutez les radios juives

Une vieille blague juive raconte qu'un naufragé juif arrive sur une île déserte, et qu'il y construit trois synagogues. Lorsqu'un navire vient le secourir, le capitaine lui en demande la raison et le naufragé répond : « La première, c'est celle que je fréquente, la seconde celle que je ne fréquente pas et la troisième, c'est celle dans laquelle je ne mettrai jamais les pieds ! » Les radios juives, c'est un peu la même histoire. Quatre stations différentes qui se tirent la bourre sur une même fréquence, et ce depuis la libération de la bande FM en 1981. La seule chose qui les rapproche, c'est la couleur d'antenne. Quelles que soient les stations, vous avez l'étrange impression d'être resté bloqué sur l'année 1981.

- **Les spots de pub :** les radios juives sont sans doute les seules stations où les spots ressemblent à une parodie des Inconnus ou des Nuls. Sauf que ce ne sont pas des parodies. Certaines sont devenues presque aussi cultes que des sketches.
- **Les animateurs :** la plupart sont bénévoles, et ça s'entend à l'antenne. Bah oui, c'est pas parce qu'on domine les médias qu'on a aussi les moyens de se payer systématiquement Cyril Hanouna sur les radios juives. À la place, on a Ginette Hanouna, c'est bien aussi, mais dans un autre genre.
- **Les émissions de libre antenne :** du miel pour les oreilles. Écouter David Korngold, agent immobilier, disserter de longues minutes à l'antenne sur le meilleur couloir aérien permettant aux avions de chasse israéliens de bombarder le Qatar en moins de 4 minutes, c'est un must. Fous rires garantis !
- **La programmation musicale :** hasard ou volonté de créer des ponts ? La fréquence des radios juives est à proximité de celle de Beur FM. Résultat, si vous vous plantez de quelques chiffres, vous avez plus ou moins la même musique. Bah quoi, Enrico, c'est le roi de la musique judéo-arabe, non ?

Les idoles absolues

ROGER HANIN

Roger Hanin a beau avoir joué Shakespeare, tourné avec Truffaut, Chabrol, Visconti... pour un juif, il sera à jamais Raymond Bettoun, le parrain séfarade qui, dans *Le Grand Pardon*, a cette inoubliable réplique avant de flinguer Bernard Giraudeau sur son lit d'hôpital : « Aujourd'hui c'est le Yom Kippour, le jour où tous les juifs pardonnent à ceux qui leur ont fait du mal. Tous les juifs sauf un. Moi. Moi, je ne pardonne pas. »

ALEXANDRE ARCADY

Alexandre Arcady, cinéaste français spécialisé dans le film de genre à thématique juive. Illustration de son art de la mise en scène : quand Bruel parle à ses frères dans *Comme les 5 doigts de la main*, il ne peut s'empêcher de les attraper par la nuque. Ne pas confondre avec Elie Chouraqui, même si leur style est interchangeable. On peut les différencier à leur coiffure. L'un porte la Jewfro, l'autre pas.

Le Grand Pardon

Oui, car vous connaissez par cœur les répliques de ce film culte :

« **Arrête tes salamalecs Bettoun ! T'es pas dans ton djebel ici !** »

« Raymond Bettoun a appris la loi du milieu à la casbah, il la lit de droite à gauche. »

« **C'est encore un coup des Arabes. C'est signé. Qu'est-ce qu'on va discuter mille ans avec eux ? Je l'ai toujours dit, avec les ratons faut cogner, cogner, cogner !** »

« Vous sentez l'huile monsieur Bettoun... »

« **Tes hommes ils sont partis, Manuel. Je les ai achetés. Avec l'argent. Et ça, ça pourra pas arriver avec les Bettoun. Et tu sais pourquoi Manuel ? Parce qu'on est une famille, unie comme les cinq doigts de la main, zarma !** »

« Avant de venir ici Manuel, tu flambais, t'étais le numéro un. Maintenant, je vais te dire, t'es le numéro zéro ! »

« **Il va m'niquer l'bénéfice !** »

« Vous êtes toujours gérant de société à 3 000 francs par mois ?
— 3 200, je me suis augmenté.
— Ça doit être dur de joindre les deux bouts ?
— Vous inquiétez pas commissaire. Chez nous, quelques olives, un petit bout de pain, on remercie Dieu ! »

La honte...

Ces chanteurs vous font un peu honte, mais avouez que vous les écoutez quand même !

- **David et Jonathan**
- Nacash
- **Gilbert Montagné**
- Subliminal
- **Larusso**
- Élisa Tovati
- **Patrick Bruel**
- Tal
- **Sarit Hadad**
- Jennifer
- **David Guetta**
- Mickaël Youn *(même quand il ne chante pas)*
- **Ophélie Winter**
- Dany Brillant
- **Mélanie Laurent**
- Sandrine Kiberlain
- **Elie Semoun**
- Dieudonné*

---

* Bon, si tu nous lis, tu sais bien qu'on déconne. Manquerait plus qu'on t'écoute chanter. Bisous Dieudo.

... et la fierté

Ces chanteurs vous rendent fier, mais avouez que vous ne les écoutez pas tous !

- **Jean-Jacques Goldman**
- Mike Brant
- **Leonard Cohen**
- Bob Dylan
- **Simon & Garfunkel**
- Lenny Kravitz
- **Serge Gainsbourg**
- Francis Lemarque
- **Barbara**
- Drake
- **Georges Moustaki**
- Enrico Macias
- **Booba***
- Michel Jonasz
- **Jean Ferrat**
- Barbra Streisand
- **Lou Reed**
- Amy Winehouse
- **Mark Knopfler**
- Billy Joel
- **Beastie Boys**

---

* Oui Booba, on sait que tu n'es pas juif, mais c'était juste pour te faire chier. Bisous Elie.

Politique

LES HOMMES POLITIQUES JUIFS

À gauche comme à droite, on ne peut pas déterminer ce que certains appellent le « vote juif ». Les juifs votent autant à droite qu'à gauche, il y en a chez les Verts, au NPA, au PS à l'UMP, et même au Front National. Ah oui on ne t'avait pas dit ? Les Juifs sont des Français comme les autres, en fait.

Celui dont tu as un peu honte :

Dominique Strauss-Kahn

En 2012, c'est sûr tu aurais voté pour lui, mais bon, après les affaires du Sofitel et du Carlton, tu n'es plus trop d'accord. On a vérifié, l'adultère c'est pas très casher.

Celui que tu adores :

Sarko

De son p'tit nom. Le roi, le King, même s'il a beau dire qu'il n'est pas juif, tu as entendu son discours te faire de l'œil en disant qu'il était un petit-fils de juifs de Salonique et bon, un peu comme un enfant à qui on promet un bonbon, tu t'es laissé berner, tu as voté pour lui. Deux fois !

Celui qui t'agace :

Laurent Fabius

Dans ta famille, on l'appelle le renégat absolu. Le juif converti au catholicisme, plus catho que les cathos. Ministres des Affaires étrangères de François Hollande, tes parents guettent la moindre phrase de travers sur Israël, et tout est prétexte pour le traiter de « gaucho vendu aux islamistes ».

Celui dont tu te fiches éperdument :
Jean-François Copé

Qu'il soit juif, tu t'en contrefiches. C'est pas pour ça que t'irais prendre ta carte à l'UMP. Tu le trouves mauvais, raciste et surtout lourd. Son histoire du pain au chocolat volé par un musulman à un petit enfant blanc et catholique, c'est très moyen. D'ailleurs, remplace « musulman » par « juif » et tu verras si tu ne l'as pas de travers, Le Pen au chocolat !

Celle dont tu es fier :
Simone Veil

Pour toi, c'est un peu la Barack Obama des juifs. Bien sûr, elle n'est jamais devenue présidente de la République, mais elle a su s'imposer dans la vie politique française. Pour toi elle est le symbole de la méritocratie. D'Auschwitz à l'Assemblée nationale et au gouvernement, quel chemin !

Celui que tu aimes bien :
Daniel Cohn-Bendit

Même si certains vomissent sa petite bien-pensance de gauche, tu l'aimes bien, Dany le Rouge. Franchement inoffensif, il te rappelle qu'au fond de toi, il y a ce petit héritage révolutionnaire, cette petite flamme rouge qui fait parfois de toi un sacré rebelle, qui remet toujours tout en question.

Et Jean-Pierre Pernaut, il est juif ?

La France possède ce privilège, avec l'Ukraine (pays tristement célèbre pour son antisémitisme viscéral), d'être le seul territoire au monde où les internautes associent massivement une requête nominale sur Google avec le terme « juif ».

Exemple : François Hollande, juif.

Mais où va donc se nicher la curiosité ?

Quelques exemples de requêtes « juives » :

- **Doberman**
- Iceberg
- **Camenberg**
- Batman, Superman, Ironman et même Spiderman
- **Mythoman, Mégaloman** et **Musulmane**
- Benichou, Caoutchouc et Chabichou
- **Couenne** (pas casher mais juif)
- Mais aussi tous les Pont-Levy de France

VIII

TU VEUX FAIRE QUOI PLUS TARD ?

LES TEXTOS DES MÈRES JUIVES #17

> T'as vu ce qu'il se passe en Israël, c'est malheureux…

> Ouiii…

> Tu t'en fiches…

> Non, mais je bosse là, on en parlera ce soir !

Les études

Tu fais quoi comme études ?

Si on te répond « classique, je suis dans la finance » et que toi ça ne te choque pas, c'est que tu es vraiment juif !

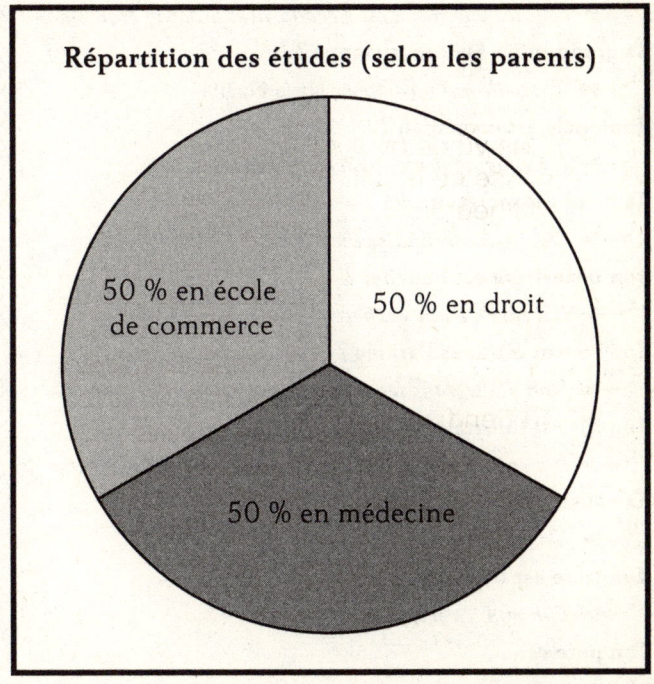

Répartition des études (selon les parents)

50 % en école de commerce

50 % en droit

50 % en médecine

0 % en mathématiques, on ne comprend pas pourquoi.

L'extrapolation des métiers

Alors, c'est qui le meilleur ?

Ton grand-père était architecte ?
↳ *Pour tes parents, il est à égalité avec le baron Haussmann !*
Ta grand-mère était musicienne ?
↳ *C'est elle qui a composé* Hava Nagila.
Ton oncle est comédien ?
↳ *Il fréquente personnellement Woody Allen.*
Ta mère est secrétaire ?
↳ *Oui, mais secrétaire du cabinet de Manuel Valls.*
Ton beau-frère est boucher ?
↳ *Il a inventé une cacherout à lui tout seul.*
Ton cousin est dans l'armée ?
↳ *Non, il est dans les services secrets internationaux.*
Ton fils est informaticien ?
↳ *Il a créé Facebook avec Zuckerberg, mais il l'a lâché.*
Ta cousine est chercheuse ?
↳ *Non, elle est trouveuse.*
Ton frère est footballeur ?
↳ *Euh non, ça n'existe pas ça !*
Ton père est...
↳ *Le meilleur du monde, on ne discute pas c'est tout !*

(En revanche, pas d'extrapolation pour les médecins, avocats, banquiers, dentistes... Visiblement, ils se suffisent à eux-mêmes !)

Questions insolubles

POURQUOI LES JUIFS SONT NULS EN SPORT ?

Certes, il y a bien Mark Spitz, Lev Yachine et... Michaël Madar ! Mais il faut l'avouer, dans les familles juives, le sport compte autant que le catéchisme. À 11 ans, ta mère avait déjà demandé au docteur Besnainou un certificat explicitant dans les moindres détails l'impossibilité d'exercer tes talents naturels au lancer de poids, en raison de ta constitution fragile, en particulier au niveau du coude (cf. le célèbre « petit juif »). Résultat : tu n'es jamais devenu un athlète accompli. Cela dit, les athlètes juifs ne sont pas toujours les bienvenus dans les compétitions (cf. JO de Munich 1972).

POURQUOI LES JUIFS SONT NULS EN TRAVAUX MANUELS ?

« Peuple du Livre », les Juifs sont censés être plus doués pour penser que pour bricoler, en raison de leur maladresse légendaire. D'où ce vieux proverbe yiddish : « N'habite pas dans une ville où il n'y a pas au moins trois médecins. » C'est sans doute aussi pour cela qu'il y a tant de médecins juifs.

POURQUOI LES JUIFS SONT NULS EN FINANCE ?

Les clichés sont tenaces, mais les exemples démontrant la nullité des juifs dans le domaine de la finance sont nombreux. Au hasard, prenons Bernard Madoff ou Lehman Brothers. Mieux encore, Theodor Herzl, le théoricien du sionisme. Un génie de la finance ? Il va inspirer le retour des juifs en Palestine, alors que s'il avait été un génie de la finance, il aurait choisi un territoire distant de seulement 1 720 kilomètres d'Israël... le Qatar ! Aujourd'hui, les juifs seraient propriétaires du PSG et du Printemps. Puisqu'on vous dit qu'ils sont nuls en finance !

LES TEXTOS DES MÈRES JUIVES #18

> Drucker est juif, Drucker est juif…

> Et alors ?

> De toute façon, chaque fois que j'ai une joie dans ma vie, on dirait que ça t'embête !

Problèmes insolubles

Au même titre que le sujet de l'esclavage pour les Noirs, quand le prof d'histoire en école publique aborde la Shoah, tu es à l'affût. L'oreille tendue, tu es prêt à bondir au moindre soupir ou inattention d'un camarade. Parfois ça vire à la parano.
- Tu te retournes violemment, quelqu'un a esquissé un **petit rire étouffé** ? Non, c'est juste un élève enrhumé qui tentait de se déboucher le nez.
- Tu as bien entendu ? Cet élève a affirmé sérieusement qu'Hitler était juif. Tu as bien compris « **Hitler il est juif en fait** » mais la vraie phrase c'était : « Hitler hait les juifs en fait. »
- Quoi ? Comme par hasard le lecteur DVD pour passer le film *Shoah* **ne marche pas** en salle de classe ? C'est sûr, pour toi, le directeur informatique du lycée est un nazi.
- Le mec à ta droite vient de bâiller ou tu rêves ? On lui montre des photos de déportés et lui, il bâille ? Non, sois indulgent, il est 8 heures du mat', **tout le monde est crevé**, vraiment.

Quand le conflit israélo-palestinien est étudié en classe, garde ton calme, surtout quand :
- Ton voisin de table — qui t'a reproché dans la cour du lycée d'être complice d'un génocide chez les Palestiniens parce que tu es parti cet été en vacances à Tel-Aviv — répond au prof d'histoire que « la bande de Gaza » est une **association de malfaiteurs** qui va braquer des banques à Jérusalem.
- Ton prof d'histoire encarté au NPA parle d'« entité coloniale sioniste » à propos d'Israël, que tu lui réponds qu'en 1947, l'Onu a voté le partage de la Palestine en deux États et que les Palestiniens auraient pu accepter alors... Et qu'il te dit « David, **ne sois pas de parti pris** ».
- Tu essaies d'expliquer en cours que les juifs français ne sont pas tous Israéliens, tout comme les musulmans français ne sont pas tous palestiniens, et que ce serait bien **qu'on se détende un peu** sur le sujet.

IX

FEUJWORLD

Le Sentier de la gloire

Arrête, ne fais pas l'innocent(e), tu t'en souviens très bien. Tu sais, cette époque où tu traînais avec **tes potes fraîcheurs** dans le Marais, sur la Tayelet à Tel-Aviv ou à côté du karting à Juan-les-Pins, sur la Croisette à Cannes ou sur les Planches à Deauville. Mais si, cette époque où tu te disais **« tout sauf shalala »** et où pourtant tu faisais tout pour leur ressembler. Ne t'inquiète pas, tout le monde est passé par là et bien des ados y sont encore. Mais pour beaucoup, être un(e) shalala, c'est une **chronique des années 2000**.

Pierre d'Eilat autour du cou, tu avais déjà **un coup d'avance** sur les autres. Elle signifiait que tu avais déjà été en Israël, même si c'était ton *best friend* qui t'en avait rapporté une quand il était en Eretz.

Si tu es une fille, tu kiffais Jordan Abitbol avec ses **Converse noires retroussées** et son jean Diesel troué mais trop stylé. Tu avais l'impression de faire une grosse connerie en montant avec lui sur son Vespa. Tu t'es vite rendu compte que c'était un « gros connard » parce que tu n'étais pas la seule à y monter.

Tu portais les mêmes Ray-Ban que ta *best friend* Ashley, et vous avez partagé un cœur en collier. Côté fringues, tu te sentais la plus grosse fraîcheur de Saint-Paul parce que tu avais **un débardeur rose Replay**, un jean Energy et des Bensimon roses au pied.

Même la coque de ton téléphone était assortie à ton vernis à ongles. Le sac à main, tu l'avais shoppé à Belleville mais tu disais à tout le monde que ton grand frère te l'avait ramené de New York où il était trader. Sur ton Skyblog, tu n'as pas pu t'empêcher de mettre une photo de toi en train de prier au **mur des Lamentations**, ou recouverte de boue à la **mer Morte** pour exhiber mine de rien tes jolies poignées d'amour.

Si tu es un mec, tu essayais de ressembler à Jordan Abitbol. C'est la période où tous les styles t'influencent, tu écoutes même du rap américain et tu mets des **Air Max**, bref, **tu te cherches**. Tu n'avais pas de scoot' comme Jordan, mais tu avais quand même un casque, au cas où ton pote Yoni passerait te prendre chez toi. Et pour être une totale fraîcheur, tu avais écrit un 5 **au blanco** sur le haut du casque.

Ta coiffure a connu moult rebondissements, l'ultra-combo, c'était la **mèche sur le front** façon Jérémy Chatelain, mais avec du gel, en mode rebelle shal. Si jamais ça foirait, tu avais toujours ta casquette Von Dutch en roue de secours. Un problème pour mettre le casque ? Point du tout, il te suffisait de l'enfiler **par-dessus** ta casquette : fresh, fashion, feuj, mais pas très sécure.

À la syna, tu trouvais ça stylé de ne pas mettre ta kippa comme les autres. Du coup, soit tu la mettais sur le côté avec une barrette **pour ne pas te décoiffer**, soit tu assumais en mode équilibre sur le devant de la tête. Oui, ça faisait très chelou !

Ton kif de shal, c'était de passer en boîte devant tout le monde en faisant croire que tu étais le **petit frère du patron**, un risque énorme quand tu étais avec Rebecca Partouche, qui aurait pu être la fille des casinos. Une fois à l'intérieur, tu te prenais en photo avec tes potes et les dix bouteilles de champagne vide d'une table à côté, pour la poster sur **FeujWorld**.

LES (VRAIS) 10 COMMANDEMENTS

IX

TU DIRAS À SPIELBERG QUE JE SUIS CHAUD POUR LE BIOPIC SUR MOI.

La Jewfro

Les bouclettes et autres cheveux frisés de la capillarité juive offraient un terreau favorable à l'émergence à la fin des années 1960 de la *Jewfro*, contraction d'afro et de jew. La boule, *kosher style*, à l'image de la coupe afro emblématique du Black Power. La Jewfro, en particulier en France, est aujourd'hui l'apanage des Séfarades comme des Ashkénazes. Les frisettes ne font pas dans la ségrégation.

On peut classer la Jewfro en plusieurs modèles :
- La **« traditionaliste »** : celle qui fut arborée par les acteurs James Caan et Elliot Gould (et encore de nos jours par Elie Chouraqui)
- La **« Fat'n'Funny »** : grosse et marrante, telle celles de Seth Rogen, Jonah Hill
- La **« California Blonde »** : Art Garfunkel
- La **« Rebelle »** : Howard Stern
- L'**« Intelligentsia »** : Einstein
- La **« Rockfro »** : Dylan, Marc Bolan
- La **« Pubienne »** : Gene Wilder
- La **« Sistafro »** : Larusso, Barbra Streisand, Bette Midler
- La **« Black Jewfro »** : Lenny Kravitz

Et enfin, ne soyons pas sectaires :
- La **« Goyfro »** : John McEnroe

Tes lieux de drague

Non, nous n'avons pas des lieux bien à nous pour draguer, comme une salle où il serait indiqué : « lieu de drague pour les juifs ».

Mais il y a des endroits où tu sais que tu peux trouver celui ou celle qui sera peut-être ton coup d'un soir, ta copine, ton copain, ta femme ou ton mari.

Dans une si petite communauté, tes lieux de drague sont restreints et hormis Internet, il ne te reste pas grand-chose... Mais selon ton âge, tu peux trouver :

SI TU AS 15 ANS

Dans le mouvement de jeunesse de ton choix.

EEIF, DROR, DEJ ou BBYO peu importe, tu n'es pas là pour apprendre la place du sionisme dans le judaïsme, tu es là pour pécho un max avant la fin de ton séjour à Saint-Georges-des-Coteaux en Charente-Maritime. Elle est trop fraîche, il faut lui dire. Déception : Kim sort déjà avec Bryan, trop les boules. Du coup tu te rabats sur Charlotte. Il y a un record à battre, bordel !

SI TU AS 25 ANS

Dans le Marais, en mangeant un falafel.

C'est pas le plus glam' mais à cet âge-là tu chopes tout ce qui bouge dans le coin : religieux, laïc, tradi. Tu es au top de ta fraîcheur, c'est ta période Saint-Paul.

SI TU AS 35 ANS

Lors du mariage de ta meilleure amie.

À la table des célibataires, tu fais une razzia. Elle/il s'est marié(e) et t'a laissé seul(e) dans ton célibat : ce soir tu es au taquet.

SI TU AS 45 ANS

Dans le cabinet dentaire de ton copain Marco.

Tu dragues inlassablement la secrétaire qui pourrait être ta fille, mais tu sens bien que, pour elle, tu pourrais surtout être son père.

SI TU AS 55 ANS

À la bar mitzvah de ton fils.

Ton connard d'ex-mari se pointe avec sa nouvelle blonde peroxydée en 95D. Du coup, il faut le contrarier, à tout prix, le slow tu le danses avec son meilleur pote Marco.

SI TU AS 65 ANS

Au mariage de ton fils.

Tu la vois la belle-mère ? Pas mal pour son âge, non ?

SI TU AS 75 ANS

À l'enterrement de Marco.

« Eh ben, c'est pas trop tôt, depuis le temps que je veux me taper sa femme, ça remonte au mouvement de jeunesse ! »

La drague séfarade

Selon que vous serez ashkénaze ou séfarade vous n'aurez pas la même technique de drague. Petit guide de la drague juive, ou de l'art de courtiser les dames.

Chez les séfarades, il faut en mettre plein les yeux. Rien à faire, il faut foncer direct. Selon un dicton célèbre : « tu la chauffes à donf sinon c'est niqué* ».

Leçon n°1 :
Laisse de côté tes analyses géopolitiques à deux balles sur le conflit israélo-palestinien. Elle s'en fout et surtout elle n'y connaît rien.

Leçon n°2 :
Évoque tes projets d'avenir. Tu montes une start-up ? Génial ! C'est le moment d'en parler, mais ne la saoule pas trop non plus avec les problèmes administratifs rencontrés pour monter une société. Elle s'en fout, sois fun.

Leçon n°3 :
Si tu es au resto, ne mate pas trop la serveuse quand elle passe. Ça fait mauvais genre. Même si c'est pour rapporter à ton meilleur pote Mickaël que la serveuse du Love est un avion de chasse.

---

* Oui, ce n'est pas un dicton, c'est juste Dov alias Gad Elmaleh qui dit ça dans *La Vérité si je mens 2*.

La drague ashkénaze

L'Ashkénaze est censé se caractériser par sa délicatesse et son élégance, son approche sera moins « directe » et plus intellectuelle.

Leçon n°1 :
Laisse de côté l'histoire des 200 membres de ta famille exterminés par les nazis. Tu vas juste réussir à plomber la soirée.

Leçon n°2 :
Évoque tes projets d'avenir. Tu finis tes études d'avocat ? Génial ! C'est le moment d'en parler, mais ne la saoule pas trop non plus avec ta thèse sur « la preuve devant le juge administratif ». Elle s'en fout, sois fun.

Leçon n°3 :
L'Ashkénaze est peut-être délicat, mais quand la serveuse du Love passe devant lui, il se tord le cou comme tout Séfarade qui se respecte. Cela fait au moins un point commun entre eux.

> **NOTE DES AUTEURS :**
> Oui, les filles draguent aussi. Mais comme c'est plus subtil et qu'on est des gros bourrins, on ne voulait pas imaginer nos sœurs en train de draguer, ça nous énerve.

LES TEXTOS DES MÈRES JUIVES #19

> Boker tov mon fils !

> רדסב המ ךתיא אמא ?
> ייה, לכה

> J'ai rien compris !

> Ben alors pourquoi tu commences à me parler en hébreu ?

Juif et gay, une partie de plaisir

L'homosexualité reste encore un sujet tabou dans la communauté juive de France.

L'acte suspect :

Partir en vacances à Tel-Aviv en disant vouloir retrouver son identité juive, alors que tu n'as qu'une envie, t'éclater dans le spot gay le plus couru avec Barcelone et San Francisco. La question à l'aéroport : « Comptez-vous vous faire exploser ? » devient alors plus qu'ambiguë. Réponse appropriée : « Non, en tout cas, pas par une bombe. »

La question de trop :

La grand-mère : « Quand est-ce que tu te maries mon fils ? »
Gros silence de toute la famille... tout le monde le sait mais personne le dit. Le petit-fils plonge le nez dans son assiette de boulettes.
Le grand-père : « Il est pédé et toi tu crois qu'il va se marier ! » (Oui, les grands-pères juifs voient tout et les grands-mères juives se voilent la face.)

Le coming out :

« Papa, maman, je suis... »
Le père : « Qui reveut du poulet ? »

La névrose héréditaire :

Les juifs gays essaient tant bien que mal de sortir avec d'autres juifs. Ah... le bourrage de crâne de la mère juive !

Et tout finit bien quand :

Ta mère te demande si ton mec/ta nana fait finance ou dentaire.

Es-tu une Jewish French Princess ?

La JAP (Jewish American Princess) est un standard aux États-Unis, mais son homologue française la vaut bien. Alors pour savoir si tu es une JFP, répond à ce test :

À la maison à la fin de Shabbat :
- ❤ Tu débarrasses la table.
- ♥ Tu ne peux pas, ton vernis sèche et tu sors dans une heure.

Quand tu sors en boîte, tu es avec :
- ❤ Tes copines pour rigoler.
- ♥ Tes copines et tes deux frères.

Tes applis mobiles c'est plutôt :
- ♥ Instagram : tu as 3 000 followers et tu postes tes dernières Ugg en boîte de nuit.
- ❤ Ratp : Faut choper le dernier métro.

Shopping avec tes parents. Arrivée à la caisse, dans ta tête c'est :
- ♥ « Papa va tout me payer parce que je suis sa petite fille adorée. »
- ❤ « Ça va je suis grande, je peux m'offrir un sac à main. »

Quand un mec t'aborde dans la rue, tu lui dis :
- ❤ « Merci, j'ai un copain. »
- ♥ « J'suis fiancée connard, tu vois pas ma bague en diamant ? »

Tes restaurants, c'est plutôt :

♥ Lounge à 100 balles par tête (mais c'est lui qui paie).

☻ Mac Do, tu t'en fous, tu l'aimes quand même, un jour vous serez dans un lounge.

Sur Facebook tu mets :

☻ Ton prénom et ton nom.

♥ Ton prénom, ton nom, suivi de Jessica Parker Kateshley Scott, ou autre.

Quand un truc est pas bon dans un restaurant :

☻ Tu le laisses de côté et tu dis au serveur que tu n'as pas très faim.

♥ Tu dis clairement au serveur que tu ne viens pas au restaurant pour du mangeable, tu viens pour du bon.

Le plus de ♥ :

Oui tu es une vraie JFP, mais ne te réjouis pas si vite, ce n'est pas forcément un compliment. Pour toi, l'argent n'est pas un souci, c'est normal, celui qui se fait du souci, c'est le banquier de ton père. Il y a les escort-girls et les girls escortées, et toi tu appartiens plutôt à la seconde catégorie. Si un mec te saoule, garde du corps direct. Tu n'as pas ta langue dans ta poche, surtout pour dire des vérités qui dérangent (et parfois qui blessent).

Le plus de ☻ :

Tu es une fille super. Même si tu as un peu de ♥, tu es la fille que tous les garçons juifs aimeraient rencontrer. Tu n'as pas de copain ? C'est normal, ils sont loin de se douter que tu existes, car tu es une perle rare. Courage !

JewPorn

Ne faites pas les innocents, lecteurs masculins de cet ouvrage, vous êtes tous allés au moins une fois dans votre vie sur **YouPorn**, on vous a vus. Et à votre immense déception, la catégorie « Jewish » est rare.

L'explication est très simple : l'une des catégories les plus consultées est celle des MILF (acronyme de Mother I'd Like to F***). Bah oui, ils allaient pas écrire JMILF quand même (Jewish Mother I'd Like to F***), **l'amour filial a ses limites** que la morale réprouve. Et ne cherchez pas la catégorie « boulettes » non plus, même si le léchage de boules est un art consommé dans la plupart des vidéos que vous matez, bande de pervers.

Alors nous direz-vous, les juifs et le porno, ça ne fait pas bon ménage ? Détrompez-vous !

En France, le plus grand producteur de film porno, **Marc Dorcel**, est juif, et les deux plus grands réalisateurs sont juifs : **José Bénazeraf** et **Gérard Kikoïne**. Un Séfarade et un Ashkénaze, pour ne pas faire de jaloux, dont les filmographies ont fait les grandes heures du genre dans les années 1970 et 1980, qualité vintage garantie.

Aux États-Unis, avec plus de 2 200 films à son actif, l'acteur **Ron Jeremy**, surnommé « le saucisson casher », fut longtemps synonyme de porno. Aujourd'hui, son digne successeur se nomme **James Deen** et fait se pâmer la gent féminine américaine pour son côté beau gosse « boy next door ». Il joue – à fond – sur son image de gendre idéal, mais un gendre qui se taperait à la fois sa femme et sa belle-maman dans la même scène, et dans des positions pas toujours très orthodoxes. James Deen a sauté – façon de parler – le pas, venant de passer du porno au drame psychologique avec un premier rôle dans le long-métrage de Paul Schrader *The Canyons*, inspiré d'un roman de Bret Easton Ellis. Il y a quand même **quelques scènes oylé-oylé** dans le film, car comme dirait Guy Roux, « faut pas gâcher ». Et puis, c'est un métier qui ne s'oublie pas. Le porno – juif ou non – c'est comme le vélo. Même si on arrête un temps, une fois les mains sur le guidon, ça repart de suite !

X

PARLES-TU LE JUIF ?

Les expressions fétiches

Tes parents ou grands-parents ont des expressions bien à eux. Coche si tu as déjà entendu ces expressions de leur part :

* ✱ Nom de Dieu
* ● Albebeck
* ✱ Dis donc
* ▲ On est dans le schwartz
* ● Nabibesk
* ✱ Mon chéri
* ▲ Oy vey
* ● Irrssssss
* ✱ Ce n'est pas à mon goût
* ● Laïster
* ✱ Quelle horreur
* ▲ Schmock
* ● Ay'hima
* ✱ Tu ne vois pas ?
* ▲ Sois un Mensch
* ● Euuuuffffffffff
* ▲ Michigenes *(les fous)*
* ● Larziz(a)
* ▲ Schnorrer *(tapeur, au sens pécunier)*
* ✱ Y en a assez
* ● Smatta *(ça suffit)*
* ▲ A broch *(la cata)*

Réponses :
* ● Tu es séfarade
* ▲ Tu es ashkénaze
* ✱ Tu es poli

La vanne judéo-arabe

Souvent prononcée par les grands-parents, la vanne judéo-arabe est un mythe. Son personnage principal est Joha, le Toto arabe. Les juifs d'Orient et du Maghreb ont arrangé à leur sauce les histoires de ce personnage mythique du monde musulman ayant réellement existé. Il faut savoir que la vanne judéo-arabe est d'abord incompréhensible par ta personne. D'abord, parce qu'elle est entièrement en arabe, ensuite parce que le plus souvent, la rime est elle aussi en arabe, donc tu as déjà paumé 50 % de la blague. Enfin, l'histoire est complètement absurde, elle n'a ni queue ni tête et ne se tient ni dans le temps ni dans l'espace.

En gros, quand une blague est racontée par ta grand-mère, ça donne ça :

Étape 1 :
Tu lui fais une vanne hyperdrôle, trop fier de toi. Ta grand-mère ne comprend pas, ou fait semblant de comprendre en rigolant. Si tu regardes bien, ça se voit qu'elle n'a rien capté.

Étape 2 :
C'est à son tour de te faire une blague, ton grand-père la regarde en approuvant : « Celle-là, elle est bonne. » *(Sous-entendu : pas comme la blague de merde que tu viens de faire.)*

Étape 3 :
Prononciation de la vanne en arabe. À la fin de la blague, ton grand-père est mort de rire, ta grand-mère est à deux doigts de se faire dessus. Toi, tu attends la traduction.

Étape 4 :
Vu leur hilarité, tu t'attends à la vanne du siècle. Moment de traduction très approximatif de ton grand-père. Verdict : **NUL**. L'histoire ne tient pas debout, les persos sont très flous et tu as juste compris qu'il y avait un âne dans l'histoire. De toute façon il y a toujours un âne, mais là tu as vraiment l'impression que c'est toi.

LES TEXTOS DES MÈRES JUIVES #20

> Pourquoi tu ne me présentes jamais tes copines ?

> Parce que tu leur poses trop de questions !

> Pas du tout ! Pourquoi tu dis ça ? J'ai dit quoi la dernière fois? Tu n'es plus avec Sarah ?

> Voilà, 3 questions en 1 texto !

La vanne ashkénaze

À la différence de la vanne judéo-arabe, la vanne ashkénaze est universelle. C'est ce fameux « humour juif » qui, des Marx Brothers à Woody Allen en passant par Mel Brooks, Jerry Lewis, Sacha Baron Cohen et autres Seinfeld, a imprimé sa marque faite d'autodérision, d'absurdité, de philosophie et de sens du gag.

Comme la vanne judéo-arabe, celle en yiddish requiert la maîtrise de la langue pour en apprécier les subtilités. Si votre grand-père ashkénaze, pour qui le yiddish est la langue maternelle, vous sort une blague que vous ne comprenez pas, comme dans le cas de la vanne judéo-arabe, il vous rétorquera « oui mais en yiddish, c'est drôle ». Et vu que le seul mot yiddish que vous connaissez, c'est « schmock » (idiot), vous aurez du mal à vérifier...

La vanne ashkénaze peut se nicher dans les sujets les plus sensibles de l'Histoire juive, comme la Shoah. Telle cette blague, qui nous a été racontée par un rescapé des camps :
Moïse Rosenblum, 85 ans, est assis à une terrasse de café, et voit à la table voisine un homme de son âge, en chemise à manches courtes. Il remarque à son avant-bras le tatouage des déportés, et s'adresse à l'homme en lui montrant le sien :
« Vous avez été déporté où ?
— À Auschwitz.
— Moi aussi. À quelle date ?
— En juillet 1944, et vous ?
— En mars 1943, mais je vous assure que vous n'avez rien loupé. »

Bien évidemment, la vanne ashkénaze ne se concentre pas que sur la Shoah. Il y a aussi d'excellentes blagues sur les pogroms.

Être juif sur Facebook

La fraîcheur : Elle a 20 ans et publie sans vergogne des selfies en maillot deux pièces sur la plage de Tel-Aviv, sous un statut brillant du genre « Trop le seum de rentrer à Paris ». Toi, tu as juste envie de commenter « Rentre vite, tu vas pas regretter, je vais te montrer 2-3 trucs que tu vas kiffer » mais tu t'abstiens parce que c'est la nièce de ton associé André Benamou, et que tu n'as rien à faire sur Facebook à mater des gamines alors que tu as 52 ans.

Le divorcé en chasse : Facebook est pour lui un réservoir de plans, il change de photo de profil quotidiennement, sursautant à chaque like pour étudier avec une précision de chasseur de têtes du Cac 40 le profil qui a liké sa splendide photo où il pose devant la tour Eiffel illuminée, sous un statut brillant du genre « Paris la nuit c'est trop trop beau ». Toi, tu as juste envie de commenter « Mais toi t'es vraiment trop trop moche » et tu t'abstiens, parce que c'est le frère de ton associé André Benamou, et que les affaires, ça passe avant tout.

Le militant ultra-sioniste : Tu te lèves peinard le matin, tu regardes ton téléphone portable, quoi de neuf sur Facebook... Et là tu vois que Gérard Finkelstein t'a ajouté pendant la nuit à 14 groupes, parmi lesquels « Ces bouddhistes qui aiment Israël », « Halte à la désinformation de *Télé Z* sur la situation en Judée-Samarie ». Toi, tu as juste envie de lui envoyer un message du genre « Gérard, tu m'as trop saoulé, je viens de filer ton adresse et ton numéro de portable à l'amicale des djihadistes de Levallois », mais tu t'abstiens, parce que Gérard est le banquier de ton associé André Benamou, et que tu es un tantinet à découvert en ce moment.

L'amateur de blagues juives pourries : Sa plus grande satisfaction : être le créateur et administrateur du groupe Facebook « Tu sais que tu es ashké-naze ». Il est très fier du titre de son groupe, t'as demandé 18 fois si tu avais bien compris la vanne, et passe son temps à t'envoyer des blagues pourries sur les Ashkénazes. Toi, tu as juste envie de lui dire « T'es vraiment trop con... » mais tu t'abstiens, parce que l'administrateur de ce groupe, c'est ton associé, André Benamou.

Les expressions de tes potes

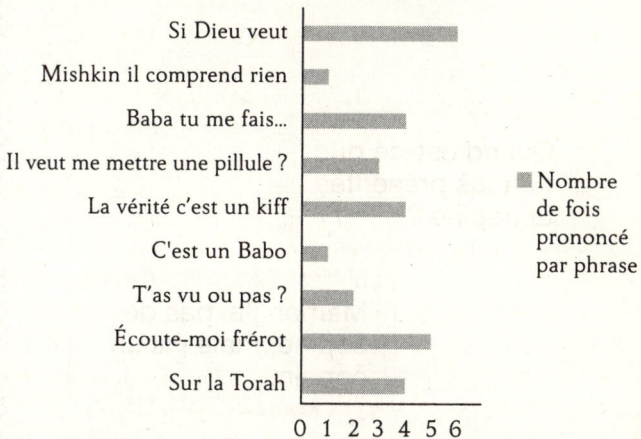

Amuse-toi à enchaîner les phrases à la suite ou dans le désordre, ça aura toujours l'air d'une conversation cohérente entre tes potes.

QUAND TU JURES :
- Sur la Torah.
- Sur la Torah d'Israël
- Sur la Torah d'Israël comment je l'ai niqué.
- Sur la Torah d'Israël comment je l'ai niqué, la putain de sa race d'ashké.

CE QUE TU NE DIS JAMAIS :
- Je te jure sur la VIE DE MA MÈRE.

LES TEXTOS DES MÈRES JUIVES #21

> Quand est-ce que tu nous présentes ta copine ?

> Maman j'ai pas de copine, mais j'ai un copain.

> Je suis gay.

> Ah bon ? Mais il a une bonne situation au moins ? Ils font quoi ses parents ?

Les phrases interdites

Voici une petite sélection des phrases que tu ne supportes plus d'entendre de la part d'autres juifs :

- **La France, c'est fini.**
- Pourquoi tu ne pars pas en vacances en Israël cet été ?
- **Elle est de chez nous, ta copine ?**
- Tu veux faire finance ou médecine ?
- **Martine Aubry, elle est musulmane.**
- BFM TV et iTélé, je zappe.
- **C'est vrai, je l'ai lu sur JSS News.**
- Éric Zemmour a raison.
- **Vichy a sauvé des juifs.**
- Qu'est-ce qu'on va devenir ?

Le mandala casher

Ceci est un mandala à colorier, et non pas un plan complotiste judéo-maçonnique pour diriger le monde. Donc pour les fou-fous, arrêtez de chercher une signification cachée, on trouve ça joli et relaxant, c'est tout.

LES (VRAIS) 10 COMMANDEMENTS

X

LES 10 COMMANDEMENTS SONT MAINTENANT DISPONIBLES SUR IPAD ET AUTRES TABLETTES DE LA LOI. 55,55 € CHEZ VOTRE BOUCHER !

Remerciements

Alain :

Merci à mon épouse Arielle et à mes filles Lara et Ethel pour leur joyeuse complicité, à ma sœur Sylvie, à mes frères Léon et Bertrand, et à toute ma famille et amis pour être là.

Merci à tous les chroniqueurs du site Jewpop pour leur lumineux sens de l'humour.

Merci à notre éditeur Christophe Absi pour ses conseils et son enthousiasme.

Merci à mon coauteur Jonathan.

Pour un Sef, tu es vraiment très drôle.

Jonathan :

Si on avait dû remercier toute notre famille, il faudrait un deuxième tome ! Du coup, on va s'arrêter au premier degré, mais on aime quand même les autres.

Merci à mon père Alain, ma mère Patou, mon frère Rud et ma sœur Mel.

À mon Papy Mony et Mamie Denise.

Merci à toute ma famille et mes amis.

Merci à Laureen pour son soutien.

Merci à mon coauteur Alain.

Pour un Ashké, tu es vraiment juif.

10501

Composition
FACOMPO

Achevé d'imprimer en Italie
par  GRAFICA VENETA
le 21 août 2015
Dépôt légal février 2015
EAN 9782290071915
L21EPLN001402C002

Éditions J'ai lu
87, quai Panhard-et-Levassor, 75013 Paris

Diffusion France et étranger : Flammarion